KB146777

지속 불가능한 불평등

뤼카 샹셀 지음
이세진 옮김

지속
불가능한
불평등

사회정의와
지구를 위하여

니케북스

추천의 글

해법 찾기가 복잡할수록 정확한 문제진단이 필수다. 이 책은 현실에서 경제적 불평등과 생태 위기 사이의 얽힘을 냉철하게 이해하고 분석하게 해줄 귀중한 길잡이가 될 것이다.　　　_김병권, 기후경제와 디지털경제 정책연구자

심화되는 불평등과 환경위기는 우리 시대의 가장 시급한 문제다. 불평등의 세계적 추세와 지속 가능한 발전에 대한 세계적인 전문가가 쓴 이 책은 사회불평등과 환경불평등 두 문제를 함께 풀 수 있고, 또 반드시 풀어야 한다는 것을 보여줄 뿐만 아니라 그 해법에 있어서도 신선한 관점을 제공한다. 반드시 읽어야 할 책이다.

　　　　　_토마 피케티Thomas Piketty, 파리경제대학 교수이자 『21세기 자본』의 저자

뤼카 샹셀은 이 간결하고도 엄밀한 책에서 '세계의 종말'을 두려워하는 자들과 '먹고살기' 힘든 자들을 연대시키면서, 생태주의와 사회정의 사이의 단순한 구분을 가로지르는 계급 갈등을 드러내는 데 필수적인 척도를 제공한다.　　　　　　　　　　　　_브뤼노 라투르Bruno Latour, 과학철학자

뤼카 샹셀은 이 책에서 환경불평등과 경제불평등 사이의 연관성을 치밀하게 분석했다. 그의 결론은 하나의 문제를 해결하기 위해서는 또 다른 문제도 해결해야 한다는 것. 우리의 가장 중요한 당면 과제들을 독창적 관점에서 바라본 수작이다.　　　　　_마틴 울프Martin Wolf, 『파이낸셜 타임스Financial Times』

구성은 촘촘하고 시각은 날카롭고 전개는 유려하다. 작금의 사회경제적 불평등은 가속화하는 기후위기를 우리가 직면하는 것을 불가능하게 만든다. 이런 관점에서도 이 책은 전 세계가 꼭 공유해야 할 중요한 저작이다.

_클로드 앙리Claude Henry, 파리정치대학 교수

독자를 심각하게 만드는 책이지만 반드시 읽어야 하는 책. 저자는 사회적 불평등이 환경의 지속 불가능성의 핵심 동인임을 확인해주는데, 이는 부자들은 더 많이 소비하고 가난한 자들은 환경 자원에 접근하지 못하고 환경 파동에 점점 더 취약해지는 악순환으로 이어진다.

_질리언 바우저Gillian Bowser, 『사이언스Science』

이 책은 사회적 부정의와 환경 피해의 복잡한 관계를 풀어내고 그것들이 경제적 불평등과 더불어 형성하는 복잡한 결합 상태를 파헤친다. 수백만 인구가 봉쇄와 활동 제한으로 사회적, 경제적 타격을 받은 코로나 팬데믹 시기에 매우 시의성 있고 많은 생각을 불러일으키는 책.

_가야트리 나이크Gayathri D. Naik, 『LSE 도서 리뷰』

뤼카 샹셀은 환경과 사회경제적 영역의 복잡한 연관을 고찰한다. 좀 더 바람직한 미래를 향한 길을 열어주는 책. _『르몽드Le Monde』

저자는 자유주의 정책의 실패를 가차 없이 조명한다. _『폴리티스Politis』

차례

일러두기

- 이 책은 뤼카 샹셀Lucas Chancel의 『지속 불가능한 불평등─사회정의와 환경을 위하여*Insoutenables inégalités. Pour une justice sociale et environnementale*』 개정증보판(Les petits matins, 2021)을 우리말로 옮긴 것이다.
- 주는 모두 각주로 처리했으며, 옮긴이의 주는 (옮긴이)로 표시했다.

개정증보판 서문

코로나19 팬데믹은 이미 불의로 병든 사회에서 불평등의 골을 더욱 깊게 했다. 가장 가난한 사람들이 대개 바이러스에도 가장 많이 노출되었다. 힘들게 '몸 쓰는 일'을 하는 사람들은 팬데믹 초기에 마스크나 변변한 보호 장비도 없이 선택 아닌 선택을 해야만 했다. 위험한 줄 뻔히 알면서 일을 하러 나갈 것인가, 건강을 지키려다 일자리를 잃을 것인가. 대형 상점 계산원, 요양보호사, 더 넓게는 사회의 기본적 용역을 담당하는 사람들 모두가 그랬다. 사회의 물자 기지들을 작동시키기 위해 익명의 수백만 시민이 매일매일 일하는 그 모든 산업 현장에서.

  사회체의 여러 수준에서, 중산층과 상위층 '화이트칼라'는 물자를 직접 다루는 일이 적기 때문에 자택의 거실 소파나 별장에서 원격 화상회의로 업무를 처리할 수 있었다. 일부 직장인은 소셜네트워크나 신문 인터뷰에서 오전 시간을 고스란히 조용한 정원에서 보내니 좋더라는 식으로 재택근무 경험을 이야기하기도 했다. 환자가 감당할 수 없이 밀려드는 의료기관, 좁아터진 격리 공간, 끊임없이 돌아가는 생필품 보급처와는 아예 다른 세상이다.

  바이러스에 노출될 위험의 불평등뿐만 아니라 그러한 노출에 대처하는 수단의 불평등도 문제다. 일반적으로 가난한 사람들은 상위 계층에 비해 의료서비스에 접근하기가 어렵고, 건강 증진을 위한 운동시설도 마찬가지다. 이러한 사회적 편향은 빈곤국에서 두드러지지만 서구 선진국이라고 해서 다르지 않다. 미국에서도 흑인은 출생 시 사망 위험이 백인에 비해 두 배나 높은데 주요한 이유는 흑인 여성이 백인 여성에 비해 임신 기간에 지속적인 검진을 받지 못하기 때문이다. 보편 무상의료 체계가 갖추어진 유럽 국가들에서도 빈곤층이 사는 지역은 다른 지역에 비해 의료서비스가 미비하다. 위험에 대한 노출의 불평등과 의료 불평등이라는 이중적 불평등의 결과는 돌이킬 수 없다. 세계 어느 곳에서나 사망 통계에서 빈곤층 비율이 압도적이다.

이게 다가 아니다. 팬데믹은 수많은 기업의 폐업과 도산을 몰고 왔다. 놀랄 일도 아니지만 불안정한 일자리, 저임금 노동, 비정규직이 가장 먼저 영향을 받았다. 프랑스의 소득 최하위 10퍼센트 인구 가운데 35퍼센트는 생활 수준의 하락을 경험했는데 이 수치는 소득 최상위 10퍼센트에 비해서 두 배나 높다. 미국에서도 소득 하위 25퍼센트는 소득 상위 25퍼센트에 비해 실업 인구가 세 배 더 늘었다. 특히 이 취약 분위에서도 여성이 남성보다, 그리고 아프리카계·히스패닉 여성이 백인 여성보다 더 많이 일자리를 잃었다. 우리는 여기서 사회·인종·젠더 불평등의 다양한 층위가 서로 맞물려 있음을 볼 수 있다. 사회적 보호망이 거의 없다시피 한 신흥국에서 경제 위기는 불평등을 더욱 악화시킨다. 우리가 참고할 수 있는 데이터들이 이를 증명한다. 안타깝게도 사회적 불공정을 연구하는 사람들이라면 익히 잘 아는 메커니즘으로 그렇게 되고야 만다. 사회에 불평등이 되돌아오는 것은 우리 시대의 두드러진 양상이다. 이러한 회귀는 결코 불가피하지 않건만, 새로운 파동(팬데믹 같은 경제 위기나 생태 위기)이 일어날 때마다 불평등은, 별다른 조치가 없는 한, 우리가 방금 살펴본 메커니즘(위험에 대한 노출과 대처의 불평등)에 의해 더욱 심해지는 경향을 보인다.

　불평등의 메커니즘을 이해하고 바로잡기 위해서는 사회 피라미드 상부에서 일어나는 일에도 관심을 두어야 한다. 2020년에는 바로 그 상부에서 또 다른 동향이 전개되었다. 2, 3월에 주가가 폭락한 후 시장이 수직으로 반등하기 시작한 것이다. 실업률이 폭발하는 와중에도 뉴욕, 프랑크푸르트, 상하이 증권가의 지수는 연일 사상 최고치를 찍었다. 그와 동시에 주식을 물려받은 부자들의 자산도 비약적으로 증가했다. 그리하여 2019년에서 2021년 초 사이, 세계총생산이 2차 대전 이후 최하를 기록하는 중에도 『포브스_Forbes_』에서 집계한 억만장자들의 자산은 38조 유로, 약 50퍼센트가 증가했다. 미국인들의 표현대로 "메인스트리트와 월스트리트가 완벽하게 따로 노는" 현상이었다. 서민의 삶과 증권가의 온도 차는 그처럼 극심했다.

글로벌 사회 위기와 생태 위기

요컨대 감염병 위기는 세계 차원에서 불평등을 심화했다. 이것은 심층적인 글로벌 사회 위기다. 생태 위기로도 볼 수 있다면 어떤 점에서 그러한가? 코로나19는 그 기원이 아직 제대로 알려지지 않았지만 인수공통감염병 즉, 인간에게 감염되는 동물의 병일 가능성이 크다. 인간에게 어떻게 전염된 것인지 그 메커니즘은 아직 정확히 알아내지 못했고, 어쩌면 영원히 알아내지 못할 수도 있다. 하지만 한 가지는 확실하다. 코로나바이러스는 박쥐 같은 특정 동물 집단에서 증가하는데, 그러한 동물들의 자연 서식지가 인간의 활동으로 위협받고 있다는 것이다. 삼림 파괴와 토양 인공화는 이 동물들의 생활 방식을 혼란에 빠뜨리고 그들이 새로운 서식지를 찾아 떠나지 않을 수 없게 한다. 그리고 동물 종들이 새로운 환경과 접촉하는 과정에서 바이러스의 인간 전염이 가속화되었을 것이다. 이렇게 본다면 코로나19 팬데믹은 생태적 원인에서 비롯된 위기가 맞다.

코로나바이러스의 기원이 정확히 무엇이든 간에, 이 위기로 인해 우리가 자연환경, 거리, 우리가 속한 사회와 맺는 관계가 달라졌음은 두말할 필요가 없다. 일단 사생활 수준에서 팬데믹은 공간과의 관계를, 적어도 한동안은, 바꿔놓았다. 몇 차례의 봉쇄 기간은 우리의 실내 및 실외 경험을 재정의했다. 더 넓은 차원에서는 (특히 유럽에서) 사실상 사라졌던 국경 개념이 되살아났고, 수백만 인구가 교통수단의 세계화와 파견 및 출장 등으로 떠났던 자국 영토로 돌아가 묶여 있게 되었다. 코로나19 위기는 생필품 공급망을 흔들어놓았고 지구의 자원이 유한함을, 특히 자국 영토에서 구할 수 있는 자원에 한계가 있음을 일깨워주었다. 우리 서구인들은 매일같이 세계의 다른 곳에서 만들어지는 재화의 일부를 소비하고 있음을 깨달았다. 여러 국가에서 장기간 지속된 마스크, 손소독제, 백신 부족 사태는 21세기 초의 인간 사회들이 얼마나 상호의존적인지를 명백히 보여주었다. 그러한 상황은 영토 내자원 통제와 관련된 야만적인 힘의 관계들을 낳았다. 그러한 관계 자체는 새롭지 않지만 그동안은 거대한 세계 시장의 추상화, 대륙 간 자유무역협정에 가려져 있던 것이다. 팬데믹은 그런 식으로 세계의 생태적 제약에 대한 의식을 빠르게 일깨웠다. 이 위기는 철학자 브뤼노 라투르Bruno Latour의 표현을 빌리자면 고통스러운 "지구로 돌아가기retour sur Terre"를 강요했다.

이후의 세계는 무엇으로 이루어질까?

위기는 일련의 비극을 몰고 오지만 그 너머에서 기회도 열어놓는다. 그 기회를 포착하는 것은 각자의 몫이지만 말이다.

그러자면 먼저 무슨 일이 벌어지고 있는지 이해할 필요가 있다. 어떤 불균형이 작동하고 있으며 그것이 어떻게 기존의 경제, 정치, 환경 시스템의 균열과 결합하는가? 최근 20~30년간의 환경 교란은 어떤 점에서 무엇보다 사회적인가? 어째서 생태학이 사회적 불공정의 새로운 경계가 되는가? 세계의 사회적·생태적 위기는 무엇으로 빚어지고 각 사회는 그러한 위기에 어떻게 맞서는가? 이러한 물음들에 대답하려는 시도가 곧 이 책의 목표다. 팬데믹 이전에 집필한 책이지만 여기서 알려주는 바는 현재 훨씬 더 시의적절해 보인다.

우리 사회는 20세기 후반부와 1980년대 신소유주의적 전환에서 비롯된 괴상한 고정관념에 매여 불평등 '그리고' 환경 위기를 선택했다. 한편으로는 GDP(국내총생산) 증대에 집착했고(그러한 부의 재분배 문제라든가 공해라는 부작용은 고민하지 않고), 다른 한편으로는 공적 영역을 빈곤하게 하면서까지 사적 영역을 부풀렸다. 바로 그러한 선택을, 아니 정확히는 선택의 총체를 세세하게 뜯어보아야 코로나19 이후의 또 다른 세계, 환경적 제약하의 세계를 어떻게 재건해야 할지 이해할 수 있다.

물론 정치적 선택과 현재 일어나는 파행의 원인을 이해하는 것만으로 충분치 않을 것이다. 앞으로 일어날 사건들은 무엇으로 이루어질까? 이 글을 쓰면서 나는 멸망론 지지자들과 호의와 공유가 상품화를 이기는 새로운 세상의 도래를 성급히 알리는 자들의 딱 중간에 있다. 위기 이후의 인간 사회는 최선을 만들어낼 수도 있고 최악을 만들어낼 수도 있다. 아무것도 예정되지 않았다. 미래는 과거에서 교훈을 끌어내고 참나운 사회석 프로젝트를 중심으로 힘을 합칠 수 있는 자들의 것이다.

역사에는 위기 이후에 스스로를 재창조한 국가의 사례가 넘쳐난다. 2차대전의 트라우마에 시달리던 유럽 국가들은 한데 뭉쳤고, 보편적 사회보장제도를 수립했으며, 미래에 투자하기 위해 전쟁 부채를 탕감해주기도 했다(1953년 런던회의). 더 멀리 거슬러 올라가자면 미국은 1929년 대공황에 빠졌다가 시장과 국가의 관계를 재정의하고, 칼 폴라니Karl Polanyi의 표현을 빌리자면 상업의 영역을 정치의 영역으로 '재편입'하면서 위기에서 벗어날 수 있었다. 좀 더 가까운 예를 들면, 2002~2004년 사스 대유행 이후 한국이나 대만 같은 국가들은 새로운 전염병에 신속하게 대처하는 기관과 절차를 수립하는 방향으로 위기 대응 전략을 수정했다. 이번 코로나 위기에서 이 국가들이 보여준 성과는 그들의 전략 수정이 잘 들어맞았음을 증명한다.

하지만 역사에는 위기가 또 다른 위기를 낳은 사례도 지

겹도록 넘쳐난다. 지나간 위기에서 교훈을 끌어내지 못했기 때문에, 집권층이 변화에 관심이 없었기 때문에, 혹은 변화를 실현하기 위한 국민적 합의가 이루어지지 않았기 때문에 그리되고 말았다. 일본은 후쿠시마 원전 폭발 참사가 일어난 지 10년이 되도록 그 재앙에서 안전에 대한 교훈을 얻지 못한 채 여전히 핵에너지와 화석에너지에 크게 의존하며 에너지 전환 사업에 뒤처져 있다. 미국도 금융위기의 근본 원인은 철저히 손보지 못했다. 현재의 금융 시스템은 규제가 다소 강화되었을 뿐 고질적 문제를 그대로 안고 있다. 서민층 소득이 지나치게 낮아 역사상 최저 수준이다. 새로운 부채, 특히 학자금 대출은 잠재적으로 서브프라임 대출보다 더 위험할 수 있다. 실제로 2008년 이래 미합중국의 불평등 경향은 심화되었고 경제 위기는 민주주의의 위기로 이어졌다. 도널드 트럼프Donald Trump의 대선 승리와 정치적 양극화가 그러한 위기의 징후다.

나는 이 책에서 현재 진행 중인 사회적·생태적 위기를 위에서부터 타개하기 위해 선결되어야 할 조건들을 살펴보았다. 그러한 조건 중에서도 우선해야 할 것은 사실에 대한 진지한 연구다. 그러한 연구가 밑바탕이 되어야만 생태학과 사회정의를 대립적으로 보지 않고 하나의 사회 프로젝트를 구

성하는 두 목표로 보는 사회 변화 프로그램을 수립할 수 있
기 때문이다. 그러자면 사회과학자들과 환경 연구가들은 서
로 가장 든든한 우군이 되어야 한다. 다양한 사회의 실패와
성공을 비교 분석할 필요가 있다. 가난한 사회든 부유한 사회
든, 모든 사회는 불평등과 환경적 제약의 회귀에 직면해 있
다. 이 책은 그러한 세계 차원의 다학제 간 조사를 길잡이로
삼아 나아갈 것이다.

2021년 5월, 파리에서

들어가며

불평등 해소와 환경보호는 양가적 관계에 있다. 일반적으로 이 두 목표는 서로를 강화하지만 서로 대립할 수도 있다. 적어도 담론 차원에서는 그렇다. 2017년에 정권을 잡은 트럼프 대통령은 미국 광부들의 일자리를 보호한다는 명목으로 미국의 파리기후협약 탈퇴를 정당화하지 않았는가? 미 대통령의 진짜 동기가 무엇이었든 간에, 환경 정책이 자국의 빈곤층에게 부담스러운 영향을 미칠 수 있다는 논지 자체는 토론하고 분석하고 면밀하게 뜯어볼 가치가 있다. 그렇게 살펴보지 않는다면 사회와 환경의 대립 아닌 대립 관계가 공적 토론에서 끊임없이 걸림돌이 될 것이다.

지속 가능한 개발의 중심에 있는 사회정의

어떤 목표에 도달하기 위해 다른 목표를 희생하지 않으려면, 불평등의 감소가 사실은 생태 전환 계획의 핵심이기도 하다는 것을 이해해야 한다. 현 사회 및 환경 정책에 어떤 변화가 더 일어나야 하는지 알고 싶다면 반드시 그래야만 한다.

최근의 경제학, 정치학, 역학疫學 연구는 경제적 불평등을 해소하지 않는 한 지속 가능한 개발의 다른 목표들, 가령 건강한 민주사회, 경제의 효율적 작동, 환경보호 등의 목표도 달성하기 어렵다는 것을 잘 보여주었다. 오늘날 서구 사회에서 관찰되는—대부분의 국가에서 특정한 경향을 보이며 증가하는—경제적 불평등의 수준은 그 자체로도 심각하게 우려되지만 지속 가능한 개발이라는 프로젝트 전체의 실현과 관련해 더욱 우려할 만하다.

게다가 환경 파괴는 으레 현재 세대가 미래 세대에 미치는 피해로만 생각되지만, 실은 한 세대 안에서도 사회적 불평등을 심화하고 기존의 불균형을 더욱 강화한다. 가령 미국이나 인도에서 발생하는 화학적 오염과 관련된 위험에 노출되지 않는 사람은 아무도 없지만 그렇다고 모두가 같은 방식으로 위험에 노출되는 것은 아니다. 환경불평등과 경제불평등의 양상은 사실상 악순환과 흡사하다.

실제로 북반구 국가든 남반구 국가든, 가장 부유한 계층은 빈곤층보다 환경에서 비롯되는 위험(공해, 기후재앙, 천연자원 가격 불안정 등)에 덜 노출된다. 그뿐 아니라 빈곤층은 환경으로 인한 재해에 훨씬 큰 피해를 입는다. 빈곤층은 사전에 대비하고 방어할 수단도, 사후에 피해를 복구하고 다시 일어설 수단도 취약하기 때문이다. 2005년에 태풍 카트리나가 뉴올리언스주를 강타했을 때 우리는 그러한 비극적 사례를 똑똑히 보았다. 부자와 가난한 사람은 환경이 미치는 피해에서 회복되는 탄력성이 동일하지 않았다. 환경불평등으로 가중된 부당함은 자동으로 사회경제적 불평등을 강화한다. 공해로 인한 건강 악화, 환경 재앙으로 인한 생활 터전의 파괴는 가장 가난한 이들을 더욱 열악한 조건으로 내몰고, 그로써 '환경-빈곤의 덫'이라고 일컬을 만한 현상을 통해 불평등을 증대한다.

이 악순환에 환경 파괴에 대한 책임의 부당함까지 가세한다. 어느 소득수준을 넘어가면 공해를 줄일 여력이 생긴다고 말하기는 어렵다. 일부 학자가 반론을 펴고 있기는 하나 동화책에서나 나올 법한 이야기다. 극소수의 예외가 있을 뿐, 대체로 가장 부유한 사람들이 환경 발자국을 가장 많이 남긴다. 연구자들의 기술적 용어를 빌려서 말하자면 '환경 쿠즈네츠 곡선'[1]은 존재하지 않는다. 다시 말해, 어느 선까지는 소득수준과 공해 배출이 비례하되 일단 그 선만 넘어가면 마법처럼 환경보호에 힘쓰게 될 거라는 상상은 금물이다. 그러므로 사회적·환경적 부당함은 이중적이고 대칭적이다. 공해를 가장 심하게 유발하는 사람들은 대부분 자신이 일으킨 피해에 가장 영향을 덜 받는다.

그리고 이 점도 짚고 넘어가야 한다. 환경 관련 의사결정에서 환경 파괴로 가장 고통받는 사람들의 의견은 좀체 수렴되지 않는다. 이 사람은 자신들을 직접 고려하지 않은 정책에 가장 크게 휘둘린다. 그렇다 보니 환경 정책을 '먹고살 만한 사람들이나 신경 쓰는 정책'이라고 헐뜯는—그러한 비판이 옳은지 그른지는 차치하고—사람들에게 본의 아니게 근거를 만들어주는 꼴이 되기도 한다.

하지만 이 모든 사실은 이미 알려지고 검증되지 않았는가? 아니, 그렇지 않다. 모두가 늘 충분히 알고 있지는 않다! 문제

---

1   (옮긴이) 노벨경제학상 수상자 사이먼 쿠즈네츠Simon Kuznets는 후진국에서 중진국으로 가는 과정에서 소득불평등이 심화되지만 선진국으로 가면서 소득불평등이 차츰 완화된다고 보았다. 환경 분야에서도 소득수준이 어느 선을 넘어가면 삶의 질에 신경을 쓰기 때문에 환경오염을 줄이게 된다는 주장이 있다. 더 자세한 내용은 이 책 1부 1장을 보라.

를 인식하기 시작한 사람들이 있지만 시민, 활동가, 연구자, 선출직 공무원은 환경불평등과 사회경제적 불평등의 관계에 대해서 여전히 배워야 할 것이 많다. 특히 산업이 가장 발달한 국가들은 더욱더 그렇다. 공청회는 대개 탄소세 같은 기후정책을 실시할 경우 잠재적으로 어떤 불평등이 빚어질 수 있는가를 따지는 수준에서 그친다. 물론 그러한 토론은 재분배 문제를 부각한다는 이점이 있고 따져볼 만하다. 그렇지만 다른 중요한 쟁점들도 있다. 기후변화의 결과나 물과 토양의 오염을 대하는 개인 및 지역의 불평등 같은 문제 말이다. 우리는 자연보호구역 조성에서 비롯되는 세습되는 부의 불평등에 대해서—다시 말해 부자들의 땅값 상승에 대해서—무엇을 아는가? 불평등을 줄이면서 환경을 보호하기 위해 앞으로 개발해야 할 운송이나 에너지 생산의 인프라는 어떤 것인가? 아직도 환경불평등과 사회경제적 불평등 사이의 (대개는 매우 복잡한) 상호작용을 제대로 이해하기 위한 데이터나 분석 도구가 턱없이 부족하다. 그런데 알고 이해하는 것만으로는 충분치 않다. 부당함에 맞서 행동할 수 있어야 한다. 행동의 장에서, 특히 정책 마련에 있어서 우리는 아직 갈 길이 멀다.

사회국가의 변신을 향하여

사회정의를 지속 가능한 개발 계획의(혹은 생태 전환의) 중심에
놓으려면 사회 정책 및 환경 정책에 변화가 필요하다. 선진
국이나 개발도상국이나 그 점은 마찬가지다. 환경 정책이 공
청회에서 빈곤층의 형편을 충분히 고려하지 않았다는 이유
로 비판받는 일은 드물지 않다. 역설적이게도, 장기적으로 환
경보호에 가장 크게 수혜를 입는 이들이 빈곤층이다. 그러나
단기적으로는 환경을 생각한 조치가 사회정의를 위한 정책
과 별개로 생각되므로 특정한 불평등을 악화하거나 아예 새
로운 불평등을 낳을 수도 있다. 그래서 엄청난 양의 공해물질
을 배출하는 기업들이 새로운 환경 관련 규제를 실시하면 자
기네는 일자리를 줄일 수밖에 없다고 위협하고, 농촌 선출직
공무원들이 탄소세 부과는 도시민에게만 좋은 일이라면서
들고일어나기도 하는 것이다. 이러한 저항을 어떻게 보는가?
사회보호와 환경보호 사이의 긴장처럼 보이는 이 양상을 해
결할 방도가 있는가?

　이 책에서 내세우는 주장은 그 두 목표의 조화가 얼마든지
가능하다는 것이다. 하지만 그러기 위해서는 사회국가 건설
의 새로운 단계로 넘어가야 한다. 사회국가란 실업, 질병, 빈

곤 같은 사회적 리스크를 다 함께 감당하는 조직이다. 공해에 대한 노출, 에너지를 위시한 천연자원 가격 인상 등 환경 리스크를 전통적인 사회적 보호 조치와 유기적으로 연결하자면 사회국가란 과연 무엇인가를 다시 생각해봐야 한다. 우리는 세 개의 축을 따라 나아갈 수 있으며, 그렇게 나아가는 것이 바람직하다.

우선 환경적 불평등을 측량하고 지도로 작성할 새로운 도구가 있어야 한다. 문제 해결의 첫 단계는 늘 문제를 가시화해 그 진행 양상을 추적할 수 있게 하는 것이다. 현재는 GDP가 발전을 대표하는 지표이며, 그 권위를 떨어뜨리려는 시도가 많지만 여전히 건재하다. 하지만 우리 사회가 상호작용하는 다양한 요인을 측정하고 나타내는 데 필요한 도구와 지식을 지금처럼 잘 갖춘 적은 없었다. 환경적 불평등에 대한 데이터의 생산, 유포, 공유에 있어서 미국은 오래전부터 유럽 국가들보다 한참 앞서 있었다. 비록 미국 정부가 도널드 트럼프 집권하에서 환경 관련 쟁점을 고려하는 자세가 눈에 띄게 퇴보했지만 말이다.

정교한 측정 시스템으로 충분치 않다는 것은 명백하다. 정치적 실태와 도구도 변해야만 한다. 이것이 우리의 두 번째 축이다. 공공정책에서 사회 정책과 환경 정책 사이의 벽을 허

물 필요가 있다. 역사적으로 그 벽은 공공 행정기관들 사이의
엄격한 구분에 따라 세워진 것이다(환경 문제만 전담하는 공무 부
처가 있고 경제나 금융을 전담하는 부처가 따로 있다). 일부 국가는 이
미 앞으로 나아가기 위한 사례를 만들었다. 스웨덴에서 소득
하위 가계에 지급하는 지원금은 에너지절약 인센티브(난방설
비, 노후되거나 효율이 낮은 단열재 사용 여부, 직장까지의 출근 거리 등)
를 감안해 책정된다.

　고전적인 사회 정책(특히 불평등 감소 정책)과 환경보호의 목
표들이 일관성을 띠는 것도 중요하다. 불평등 수준을 낮추는
방법에는 여러 가지가 있지만 그중 어떤 조치는 환경에도 다
소간 이롭다. 그러한 긍정적 사례들은, 비록 계속 살아남지는
못했을지언정, 세계 곳곳에서 찾아볼 수 있다. 오스트레일리
아의 2012년 조세 개혁은 탄소세를 도입함으로써 소득에 대
한 누진 과세를 강화했다. 온실가스 배출 증가를 억제함으로
써 소득불평등을 감소시킨 셈이다. 인도네시아는 종전까지
정부 예산의 4분의 1을 화석에너지 보조금으로 지출했는데,
그러한 보조금은 환경에 해로울 뿐 아니라 자가용을 주로 쓰
는 중산층, 상위층 도시민에게 혜택이 집중되었다. 그러나 최
근 인도네시아는 마침내 화석에너지 보조금을 폐지하고 그
예산을 불평등 해소를 위한 사회보호 계획 수립에 할애했다.

사회-생태국가의 탄생이라고 할 수 있겠다.

마지막으로, 우리의 세 번째 축은 사회국가와 그 영토 사이에 새로운 협업의 형태를 만드는 것이다. 오늘날 지역사회를 통해 연대를 계발해야 한다고 주장하는 목소리들이 있다. 도시에서, 현재 유럽에서 가장 영향력 있는 운동이 즐겨 쓰는 용어를 빌리자면 '전환마을transition town'[2]에서 특히 그래야 한다. 그러한 주장은 부분적으로 일리가 있다. 환경 문제는 주어진 장소에 특정한 문제일 때가 많다. 특정 지역의 토양이 심각하게 오염됐다든가, 어느 동네는 건물의 단열이 형편없다든가, 외진 곳이어서 대중교통수단이 없다든가. 시민들의 곁에서 이러한 문제를 잘 처리하려면 그 지역 활동가들이라는 인적 자원을 동원할 필요가 있다. 그러나 모든 것을 지역사회에 일임하는 것도 위험하다. 지역사회 내에서 여러 가지 불평등이 되풀이될 수도 있고, 지역사회는 수십 년 앞을 내다보아야 하는 장기적 관건을 처리할 역량이 부족하기 때문이다. 그러므로 사회국가의 권능과 지역사회의 인적 자원(지

---

2 (옮긴이) 생태적으로 지속 가능하고 에너지 자급적인 마을을 가리킨다. 기후 위기에 대응하여 특히 유럽에서 전환마을 운동이 활발하게 일어나고 있다. 이 책 7장을 참조하라.

역 기반 비영리단체, 시 혹은 지방자치단체 등)이 유기적으로 결합하는 것이 중요하다. 사회의 다양한 수준에서 시민과 기관이 성공적으로 협업을 이루어낸 사례들 역시 유럽, 북아메리카, 그외 여러 지역에서 찾아볼 수 있다.

사회 및 환경 정책의 진화를 끝까지 밀고 나가면 우리가 전통적으로 생각했던 사회국가는 완전히 달라질 것이다. 그러한 변화는 다른 주요한 경향, 즉 세계화, 디지털혁명, 민주주의의 새로운 요구도 고려해야 할 것이다. 그래서 이 과업은 어려울 수밖에 없다. 그렇지만 희소식도 있다. 전환은 이미 여러 나라에서, 각기 다른 리듬으로 일어나고 있다. 이 책에서 차차 알아보겠지만, 선진국과 신흥국은 과거의 잘못에서 배워야 할 뿐 아니라 현재 서로의 성공을 보면서도 배워야 한다. 그러한 성공은 북반구뿐만 아니라 남반구에서도 찾아볼 수 있다. 물론 공공정책이 그렇게까지 변하려면 정책과 관련되는 모든 이가 많이 노력해야 한다. 그렇지만 모든 지표가 그러한 변화가 바람직할 뿐 아니라 가능하다고 말하고 있다. 변화는 이미 시작되었다.

1부

지속 불가능한
개발의 중심에 있는
경제적 불평등

1장

경제적 불평등이
지속 불가능의
이유인가?

토마 피케티Thomas Piketty의 『21세기 자본Le Capital au XXIe siècle』, 불
평등의 역학을 1,000여 쪽에 걸쳐 다루는 이 방대한 저작이
불티나게 팔렸다는 사실 자체가 이 시대의 경제학적 논쟁의
전환점을 나타낸다.[1] 불평등의 증대는 현재 정치적 토론의 중
심에 있다. 2013년에 미 대통령 버락 오바마Barack Obama는 점
점 벌어지는 소득격차야말로 "우리 시대의 결정적 문제"[2]라
고 했다. 지금까지 딱히 평등주의에 관심을 두지 않았던 다른
기관들도 선진국과 개발도상국에서 나타나는 불평등 수준에
우려를 표하기 시작했다. 그래서 국제통화기금(IMF)[3], 세계은
행[4], OECD[5], 심지어 전 세계 거물들이 한데 모이는 다보스
포럼까지도 불평등을 21세기 초 자본주의가 해결해야 할 가

---

1   Thomas Piketty, *Le Capital au XXIe siècle*(Seuil, 2013). 2020년 현재 이 책은 전 세
    계에 250만 부가 팔렸다. 『리브르 에브도*Livres Hebdo*』에 따르면 프랑스에서만 30만
    부가 나갔다.

2   (옮긴이) Barack Obama, "Remarks by the president on economic mobility," December
    4, 2013, https://obamawhitehouse.archives.gov/the-press-office/2013/12/04/remarks-
    president-economic-mobility

3   Jonathan D. Ostry, Andrew Berg & Charalambos G. Tsangarides, "Redistribution,
    inequality, and growth", IMF(2014).

4   "Poverty and shared prosperity 2016. Taking on inequality", World Bank
    Group(2016).

5   "Divided we stand. Why inequality keeps rising", OECD(2011).

장 큰 문제 중 하나로 보기에 이르렀다.

우리가 앞으로 보겠지만 이 현상의 원인들은 하나로 모아지지 않았고, 대책으로 제안된 의견들 역시 합의에 이르지 못했다. 그래도 불평등 완화의 필요성만큼은 너나 할 것 없이 받아들였다. 몇 년 전까지만 해도 사정이 이렇지 않았다. 이 합의의 구체적 표현으로―허울뿐인 표현일지라도―UN이 채택한 지속 가능한 개발 목표(SDGs)Sustainable Development Goals에 불평등 완화라는 목표가 공식적으로 포함된 것을 들 수 있다. 2015년 가을, UN 회원국들에 부여된 이 목표들은 인류가 2030년에는 환경을 존중하면서도 경제적 번영을 누리게끔 마련된 것으로, 그 이상도 그 이하도 아니다.

리우 서프라이즈

2012년, 리우데자네이루에서 리우+20 정상회의가 열렸다. 지속 가능한 발전을 위한 이 국제정상회의는 20년 전에도 브라질의 이 도시에서 열린 바 있다. 당시 채택된 여러 안 중에는 특히 기후 관련 국제회의를 주기적으로 갖는다는 안이 있었다. 그래서 2012년에 20년간의 환경 및 개발 정책을 글로벌 수준에서 결산하기로 한 것이다. SDGs도 이러한 맥락에서 탄생했다. 이전의 새천년개발목표(MDGs)Millennium Development Goals도 개발도상국에서 극빈을 뿌리 뽑는 투쟁과 국제적인 환경 관련 협상을 다루긴 했지만, SDGs는 이전까지 구분되었던 두 가지 정치적 목표를 통합하고 대체하는 역할을 하게 되었다.

SDGs는 적어도 두 가지 이유에서 혁신적이다. 첫째, SDGs는 이전 20년 동안 국제사회가 별개로 취급했던 환경, 경제, 사회 문제를 하나로 묶었다. 사실 국제사회는 효율성을 추구하느라, 혹은 사안들을 적절하게 연결해 검토할 능력이 없었기 때문에, 한쪽에서는 (세계무역기구 중재회의를 통해) 무역만 다루고 다른 한쪽에서는 (기후회의를 통해) 기후 관련 협상을 하고 빈곤 문제는 또 별개로 MDGs라는 틀 안에서 다루는 식이었다. 반면 SDGs는 환경이나 극빈 감소 중 하나에만 국한되지 않는다. 여기서 표방하는 목표는 관련된 모든 영역에서 더 높은 번영에 도달하는 것이다. 17개 목표는 생태계 보호에서부터 영아사망률 감소, 인터넷 사용의 보편화, 과밀 도시의 삶의 질 개선, 여성에 대한 폭력 추방에 이르는 10여 개 하위목표를 포함한다. 이 목록은 극도로 광범위하다. 그것이 이 발의의 강점이자 약점이다.

 SDGs의 또 다른 새로운 점은 보편성이다. MDGs는 개발
도상국에만 적용되지만 SDGs는 선진국과 신흥국 및 개발도
상국, 대국과 소국을 가리지 않는다. 이 점은 짚고 넘어갈 가
치가 있다. 부유한 나라들은 자존심을 접고 국제사회가 자기
들의 개발 과정을 살펴볼 권리가 있음을 인정했다(아니면 인정
하는 척이라도 했다). 요컨대 "역사의 종말"—미국의 정치학자
프랜시스 후쿠야마Francis Fukuyama의 이론에 따르면 자유민주주
의의 최종 단계[6]—의 시간은 아직 오지 않았다. 2012년 리우
회의에 참석한 모든 국가는, 서구 민주 국가들을 포함해서,
진정한 번영의 수준에 도달하려면 아직 갈 길이 남았다는 것
을 인정했다.

 미국의 사회학 연구자 데이비드 르 블랑David Le Blanc은 이
많고 많은 주제의 중심 목표가 무엇인지를 규명하기 위해
SDGs를 구성하는 공식 문서를 꼼꼼하게 분석했다.[7] 그 연구
의 결과로 (재산, 젠더, 권력, 자원 접근성 등의) 불평등 완화가 다른
목표들과 가장 밀접하게 연결되어 있으며 이 체계의 중심에

---

6 Francis Fukuyama, *La Fin de l'histoire et le dernier homme*(Flammarion, 1992),
   Champs, 2009, 재인용.

7 David Le Blanc, "Towards integration at last? The sustainable development goals as
   a network of targets", *Desa Working Paper*, no. 141, 2015.

있음이 밝혀졌다. 불평등 완화는 다른 목표들의 성취를 돕는 촉매라고도 할 수 있겠다.

'불평등' 항목의 첫 번째 하위목표는 지금부터 2030년까지 각 나라에서 소득격차를 줄이는 것이다. 그러니까 적어도 이 21세기 초에 국제사회가 내건 공식 계획에서는, 경제적 불평등 감소가 지속 가능한 개발 계획의 중심에 있다. 좀 더 구체적으로는 하위 40퍼센트의 소득이 평균보다 훨씬 빨리 상승해야만 한다. 이 조치가 완벽하지는 않다. 어떤 사람은 빈곤 지표를 보지만(하위 40퍼센트에 제한되어 있으므로) 빈곤 문제를 넘어서 일반적 성격의 불평등을 살펴보아야 한다. 우리가 앞으로 살펴보겠지만 불평등은 '위에서부터' 커지기 시작해서 중산층을 짓누르는데 빈곤 지표로는 그러한 성격을 헤아리기가 어렵다. 그렇지만 적어도 소득격차 완화라는 목표는 존재할 만한 가치가 있다. 특히 이 목표가 불러일으킨 정치적 싸움을 생각해보라. 미국과 중국은 처음에는 이데올로기적 이유로 이 목표를 집어넣는 것을 반대했지만 스칸디나비아 국가들, 프랑스, 브라질은 찬성파였다.[8]

---

8 Lucas Chancel, Alex Hough & Tancrède Voituriez, "Reducing inequalities within countries. Assessing the potential of the Sustainable Development Goals", *Global*

10년 전까지도 국제 정치 계획에―나아가 국내 정치 계획에도―포함되지 않았던 국가 내 불평등이 지금은 생태 전환 정책의 중심에 있다는 사실을 어떻게 설명해야 하나? 지속 가능한 개발과 불평등은 어떤 관계가 있는가? 이 질문에 답하려면 경제학, 정치학, 사회학, 역학, 생태학 연구를 관심 있게 보아야 한다. 이 연구들은 이미 수십 년 전부터 경제적 불평등 수준이 민주주의를 위기에 몰아넣고 사회를 병들게 하며 경제에 해를 입히고 환경을 파괴하는 양상을 보여주었다.

긴장 상태의 민주주의

사회정의의 이상, 현대 국가의 초석

사회정의는 민주 국가든 그렇지 않든 현대 국가 대부분이 표방하는 목표다. 프랑스 헌법 제1조는 프랑스가 사회적 권리를 평등하게 보장하기 위해 집단적 연대를 구축하는 사회적 공화국임을 천명한다. 인도 헌법이 천명하는 바도 비슷하다.

Policy, no. 9(1), 2018.

알제리, 러시아, 중국도 헌법에서 중점을 두는 바는 비슷하다. 이 목록은 훨씬 더 길어질 수 있다. 실제로 현대 세계에서 사회정의라는 목표는 예외라기보다는 규칙이다.[9]

물론 모든 국가가—독재 국가, 의회민주주의 국가를 막론하고—자신들이 정한 목표를 존중한다는 뜻은 아니다. 차차 보면 알겠지만 불평등은 거의 세계 모든 곳에서 팽배하고 있다. 그러나 국가가 사회정의를 보장하고 경제적 불평등을 다스리지 못하면 국가의 존재 이유 자체가 문제시된다. 권위주의 체제는 정보를 억압하고 조작함으로써 자신이 감당해야 할 과업을 무시할 수 있을지 모르지만 민주주의 체제는 그런 짓을 오래 끌고 갈 수 없다.

사회경제적 불평등과 정치적 극단화의 유혹

2016년 미 대선에서 도널드 트럼프의 승리는 브렉시트만큼이나 많은 기사와 논평을 끌어냈다. 이 두 가지 결과를 가져온 결정적 요인은 무엇인가? 어떤 이들은 이러한 국민의 표심을 객관적인 사회경제적 기준(특히 불평등의 증대)을 근거로

---

9 특히 다음을 참고하라. Alain Supiot, *Grandeur et misère de l'État social*, Leçons inaugurales du Collège de France(Fayard, 2013).

설명할 수 있다고 주장하고, 또 어떤 이들은 이민자가 늘어
나면서 특정 인종 집단이 권력에 대한 상실감을 느끼는 것이
주요한 이유라고 본다.[10]

다양한 연구가 이 두 해석을 어떤 면에서는 조화시키고 있
는 것 같다. 독일 경제학자 티에모 페처Thiemo Fetzer[11]는 브렉시
트 투표 결과의 원인을 분석하면서, 다른 조건이 모두 동일하
다면 긴축 정책으로 예산이 크게 삭감된 지역에서 브렉시트
찬성파인 극우 정당 영국독립당(UKIP)UK Independence Party 지지
율이 더 높게 나타나는 현상을 확인했다. 달리 말하자면, 외
국인을 탓하고 싶은 유혹은 가처분소득과 사회서비스가 가
장 심하게 타격을 입은 곳에서 더 기승을 부렸다. 맥킨지연구
소가 실시한 조사는 지난 수십 년간 소득이 거의 정체된 사
람일수록 이민에 대한 시각이 부정적이고 국가주의 정당에
호의적인 경향이 있음을 보여주었다.[12] 물론 상관관계와 인

---

10 Eric Kaufmann, "Trump and Brexit: why it's again NOT the economy, stupid",
    British Politics and Policy at LSE(2016).

11 Thiemo Fetzer, "Did austerity cause Brexit?", *American Economic Review*, november
    2019.

12 McKinsey, "Poorer than their parents? Flat or falling incomes in advanced
    economies", McKinsey Global Institute(2016).

과관계는 엄연히 다르다. 극우 정당에 투표하거나 '시스템'을 거부하는 현상을 오로지 경제적 요인들로 환원할 수는 없다. 우리 사회가 포스트모던 시대를 관통하면서 겪는 의미의 위기—진보라는 이상에 대한 문제 제기, 문화적·종교적 지표들의 붕괴—는 그보다 더 심원하다. 하지만 미국과 영국에서 관찰되는 불평등 수준이 이른바 진보 정당의 역사적 지지 기반을 약화하고 외국인 혐오 사상이 확산하기 좋은 토양을 마련한 것만은 분명해 보인다.[13]

불평등과 정치적 삶의 양극화

불평등은 선거와 의회라는 민주주의 체제의 두 장치가 원활히 작동하는 것을 방해한다. 프랑스 경제학자 쥘리아 카제 Julia Cagé는 선거운동 자금을 다룬 책 『민주주의의 값 Le Prix de la démocratie』에서 데이터를 바탕으로 (미국이나 이탈리아 같은) 서구 민주주의 사회에서 정치에 들어가는 공적 자금의 몫이 급격히 줄어들었음을 보여주었다.[14] 결과적으로 정당들은 점점

---

13 Thomas Piketty, "Brahmin left vs merchant right. Rising inequality and the changing structure of political conflict", World Inequality Lab(2018)도 참고하라.

14 Julia Cagé, *Le Prix de la démocratie*(Fayard, 2018).

더 민간 후원금에 의존하게 된다. 그런데 선거운동에 민간 자금이 들어갈 때의 근본적 문제점은, 소득이 높은 사람이 돈을 더 많이 댈 수 있기 때문에 상위층에게 호감을 얻는 후보가 선거에서 이길 확률이 높아진다는 것이다. 그리하여 '1인 1표'라는 민주주의의 이상은 차츰 흐려지고 '1달러에 1표' 식이 되어버린다.

이 같은 상황은 정치적·경제적 불평등을 영속시킬 수 있고, 그러한 불평등 자체가 정치 활동을 양극화하는 경향이 있기도 하다. 미국의 정치학자 세 명이 함께 쓴 매혹적인 저작[15]에 따르면, 불평등이 심할수록 정치적 삶은 양극화되고 그로 인해 불평등을 완화하기는 더욱더 어려워진다. 이 세 학자는 지난 수십 년간 다양한 안건에 대한 미 의회 투표와 같은 기간 나타난 여론조사 추이를 연구해 '정치 양극화 지수political polarization index'를 수립했다. 이 지수에는 한계가 있다. 지수 산출에 복잡한 알고리즘을 사용해야 했기 때문에 방법의 투명성이 낮아졌다. 그렇지만 어떤 경향을 추적할 수 있다는 장점은 있다. 저자들은 실제로 20세기 내내 정치적 양극화가

---

15 Nolan McCarty, Keith T. Poole & Howard Rosenthal, *Polarized America. The dance of ideology and unequal riches*(MIT Press, 2016) (1st edn, 2006).

소득불평등과 궤를 같이해왔음을 보여주었다. 1913년에서 1957년까지 양극화는 소득불평등과 함께 나란히 감소했다가 1970년대 중반 이후 인상적으로 치고 올라왔다. 저자들은 이 현상을 "이데올로기의 춤"이라고 일컫는다.

저자들은 다음과 같이 설명한다. 불평등이 심화되어도 가장 부유한 이들은 불평등을 완화하는 정책을 지지할 객관적 이유가 없다(그러한 정책은 그들에게서 세금을 더 많이 걷어간다). 이 때문에 미 공화당의 입장은 우경화되었다. 세 명의 연구자는 1970년대부터 이민이 어떤 역할을 했는지도 보여주었다. 이민은 가난하고 정치의식이 희박한 미국 시민, 혹은 투표권 없이 거주하는 인구의 수를 크게 늘렸다. 그러니 재분배에 호의적인 정치 세력보다는 반대하는 정치 세력이 커진 것도 당연하다.

경제 및 사회 논쟁에서 양극화가 정치적 삶을 경색시킨다는 문제도 있다. 양극화가 심해질수록 법안이 통과되기는 어려워진다. 경제학자 엘로이 로랑Éloi Laurent이 지적했듯이[16] 논쟁의 양극화는 환경 정책이나 보건 정책처럼 '초超당파적인'

---

16 Éloi Laurent, "Inequality as pollution, pollution as inequality", Stanford Center on Poverty and Inequality(2013).

주제들에 대해서도 선거 연대가 이루어지지 못하도록 방해
했다.

불평등으로 병든 사회?

소득수준이 기대수명을 결정하는 중요한 요인이라는 것은
이제 주지의 사실이다. 세계보건기구(WHO)는 빈곤층의 건강
이 평균에 미치지 못하는 경향을 설명하는 '열 가지 확고한
사실'을 제시했다. 그 사실들에는 생애 초기의 열악한 생활환
경, 살면서 겪는 스트레스, 위험도가 높은 노동환경, 제한된
사회적 상호작용, 특정 유형의 식습관이 포함된다.[17] 그렇지
만 여기서 문제가 되는 것은 불평등 자체가 아니라 빈곤이라
고 반박할 수도 있겠다. 개인들 간의 소득격차를 줄이는 것은
필수가 아니요, 공격해야 할 것은 빈곤이라고 말이다. 하지만
영국의 연구자 리처드 윌킨슨Richard Wilkinson과 케이트 피켓Kate
Pickett의 의견은 다르다. 역학 분야의 형성에 함께한 이 두 연

---

17 Richard Wilkinson & Michael Marmot, *Social Determinants of Health. The solid
     facts*(WHO, 2003).

구자는 소득격차도 중요하게 작용한다는 것을 입증했다.[18]

2009년에 그들의 첫 저작이 출간되었을 때, 부유층이 소득 불평등을 완화할 객관적 이유가 없다는 사실이 앵글로색슨 세계에서는 예사로 받아들여졌다. 윌킨슨과 피켓은 이런 유의 담론을 전복시켰다. 그들은 불평등이 도덕적 문제만 일으키는 것이 아니라고 주장했다. 불평등은 빈곤층의 문제일 뿐 아니라 사회 전체의 문제이며, 부자든 가난한 자든, 이타주의자든 그렇지 않은 이 문제에서 자유로울 수 없다는 것이었다. 두 연구자는 일단 다음과 같은 사실을 밝혀냈다. 소득수준이 높은 여러 국가를 비교해보면 가장 평등한 국가들이 사회적 안녕감이라는 면에서 가장 높은 성적을 거두었다. 실제로 불평등 수준과 신체 및 정신 건강 수준, 교육, 안전, 사회적 이동성 사이에는 긴밀한 연관성이 관찰된다. 윌킨슨과 피켓은 여기에 인과적 메커니즘이 작용한다고 주장했다. 그러한 결과들은 개인들의 '상대적' 사회적 위치에 따른 것이다. 건강과 학업 성과는 불평등 사회에서 모든 수준에서 발생하는 스트레스로 설명될 수 있다. 결과적으로, 불평등을 타파하지 않

18 Richard Wilkinson & Kate Pickett, *The Spirit Level: Why Equality Is Better for Everyone*, 2nd edn.(Penguin, 2010).

그림1 불평등과 사회 및 보건 문제들

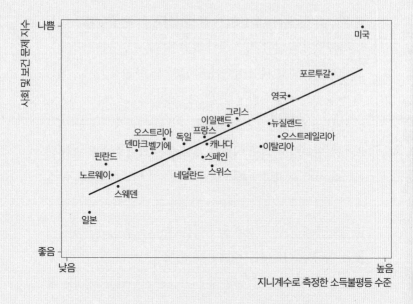

일본은 OECD 회원국 중에서 경제적 불평등 수준이 낮고 사회적 안녕과 건강이 가장 양호한 나라다. 반대로 미국은 최하위를 차지했다.

출처: Richard Wilkinson & Kate Pickett(2013).
더 자세한 내용은 www.lucaschancel.info/insoutenables를 보라.

고 빈곤을 줄이는 것으로는 그러한 사회에서 관찰되는 사회 문제, 보건 문제를 해결하기에 역부족이다.

이 주장은 그래프로 간단하게 설명할 수 있다(그림 1). 여러 선진국을 대상으로 불평등 수준과 사회 건강(정신 및 신체 건강, 영아사망률, 청소년 임신, 교육, 범죄, 신뢰수준, 사회적 이동성을 종합한 지수) 영역의 성과를 비교한 것이다. 여기서 지수로 측정된 성과와 평등 사이에는 뚜렷한 비례관계가 있음을 볼 수 있다. 반면 국민 평균소득과 사회 건강 지표를 비교했을 때는 어떠한 상관관계도 보이지 않았다. 부유한 나라의 사회 건강은 평균소득수준보다 부의 격차에 좌우되었다.

이 결과는 매우 신중하게 읽어내야 한다. 통계학에 입문하는 학생들이 걸핏하면 듣는 말이지만, 상관관계가 곧 인과관계는 아니라는 점을 다시 한번 기억하자. 이 그래프 하나로는 소득불평등이 만악의 근원이라고, 소득불평등을 완화하면 여기서 관찰된 문제들이 전부 저절로 근절된다고 주장할 수 없다. 높은 불평등 수준과 보잘것없는 사회 건강을 동시에 설명하는 다른 요인들도 작용하기 때문이다. 불평등에 관용적인 문화라든가, 특정 질병이 성행하기 쉬운 환경도 그러한 요인이다. 한 사회의 좋은 성과는 낮은 불평등 수준에 기인하는 것이 아니라 더 뿌리 깊은 문화적, 정치적, 지리적 요인에서

비롯될 수 있다. 또 다른 해석의 가능성도 있다. 즉 사회의 건
강 상태는 경제적 불평등 수준의 결과가 아니라 원인일지도
모른다.[19]

　시실 윌킨슨과 피켓의 주장은 단순한 상관관계를 넘어서
불평등과 건강 문제의 인과관계를 설명하는 이론으로 나아
가고자 했다. 그러나 그들의 증명에는 한 가지 어려움이 따랐
다. 증명을 뒷받침하는 데이터가 대부분 국가 혹은 지역 차원
의 것이었기 때문이다. 국가가 아닌 개인 수준에서 불평등과
건강을 비교할 수 있는 데이터를 보완해야만 그들의 분석이
더욱 확고해질 수 있었다. 현 단계에서 개인 데이터를 활용한
몇몇 연구로 윌킨슨과 피켓의 주장을 정말로 확증하거나 반
박할 수는 없다.[20] 그렇더라도 두 저자가 불평등과 개인 및 사
회 건강의 관계에 대해서 강력한 설명을 제시한 것만은 분명
하고, 우리가 진지하게 관심을 기울이는 것이 마땅하다.

19　어떤 화성인이 지구를 관찰하는데 비가 내릴 때마다 우산을 가지고 나온 사람들
　　이 많이 보였다는 이유로 우산이 비를 내리게 한다고 추론한다면 이러한 함정에
　　빠진 것이다. 따라서 '시간의 연속을 인과관계로 착각하는 오류'를 반드시 경계해
　　야 한다.

20　Andreas Bergh, Therese Nilsson & Daniel Waldenstrom, *Sick of Inequality*(Edward
　　Elgar, 2016).

불평등, 건강, 불안

경제적 불평등은 어떤 매개를 통해서 개인의 정신적, 신체적 건강에 영향을 미치는가? 윌킨슨과 피켓은 불평등이 덜한 사회에서는 양질의 공공서비스, 특히 의료서비스를 받을 수 있어 장기적으로 만인의 건강에 긍정적 결과가 나타난다고 보았다. 그렇지만 두 저자는 일견 가시적이지 않은 요인을 중요하게 짚고 넘어갔다. 스트레스가 바로 그 요인이다. 스트레스가 전부 나쁜 건 아니다(심지어 어느 선까지는 긍정적 효과가 있다). 그러나 어린 시절이나 일생 내내 이어지는 만성 스트레스는 개인의 건강을 지속적으로 갉아먹는다. 실제로 역학 연구는 스트레스가 비만, 당뇨, 고혈압, 심혈관계 질환을 유발하는 경향이 있음을 증명해 보였다. 스트레스는 면역계를 약화하고 생식 능력을 떨어뜨리며 소화장애를 유발한다. 인지기능을 떨어뜨릴 뿐 아니라 우울증 위험을 높인다.[21] 1958년에 태어난 영국 여성 1만 8,000명 이상의 생애를 추적한 대대적 연구는 어린 시절 경험한 스트레스와 트라우마를 남기는 사건

---

21 Luis Vitetta, Bill Anton, Fernando Cortizo et al., "Mind-Body medicine. Stress and its impact on overall health and longevity", *Annals of the New York Academy of Sciences*, no. 1057-1(2005).

이 생애 후반기의 자궁경부암과 유방암 발병률과 관련이 있음을 보여주었다.[22]

스트레스는 심리학자들이 말하는 이른바 '사회적 평가 위협'으로도 유발될 수 있다. 그러한 위협은 불평등 수준이 높은 사회에서 더 강력하다. 시스템에 뿌리내린 불공정은 사회적 사다리 밑에 있는 사람들에게만 스트레스를 주는 게 아니다. 윌킨슨과 피켓에 따르면, 사다리 맨 위에 있는 사람들도 자신과 가족을 관리하고 유지하느라 스트레스를 받는다. 그러므로 불평등은 스트레스를 매개로 사회 전체의 건강 수준에 영향을 미치는 셈이다.

불평등, 교육, 지위 불안

불평등은 학업 성적과 학습 역량에도 영향을 미친다. 가계소득 금액은 학업 성과, 최종 학력, 나아가 미래의 연봉에도 결정적이다. 미국의 경제학자 이매뉴얼 사에즈Emmanuel Saez와 라즈 체티Raj Chetty는 부모의 소득이 높을수록 자녀가 대학에 진

---

22 Michelle Kelly-Irving, Benoit Lepage, Dominique Dedieu et al., "Childhood adversity as a risk for cancer. Findings from the 1958 British birth cohort study", *BMC Public Health*, no. 13-1(2013).

학할 확률이 높다는 것을 보여주었다.[23] 부모의 소득이 하위 10퍼센트인 경우 자녀의 대학 진학률은 30퍼센트에 못 미쳤지만 소득 최상위 가계 자녀의 대학 진학률은 90퍼센트 가까이 되었다. 이러한 결과는 부분적으로 미국 고등교육기관의 엄청난 학비로 설명된다. 장학금 제도는 그러한 제도의 옹호자들이 주장하는 바와 달리 민주화에 별반 도움이 되지 않는다. 하지만 이 주제에 대한 여러 연구는 금전적 문제를 떠나서도―일정한 소득수준과는 별개로―사회적 스트레스가 '상대적으로' 열악한 환경에 있는 아이들의 학업 성과에 영향을 미친다는 것을 보여주었다. 달리 말하자면, 빈곤층 아이들에게 초등교육을 무상 제공하는 것으로는 충분치 않다. 사회적 불평등이 교육 외부에 여전히 존재하는 이상, 학업 불평등도 사라지지 않는다.

세계은행의 칼라 호프Karla Hoff와 프리얀카 팬데이Priyanka Pandey가 인도에서 실시한 연구[24]는 인상적인 결론을 끌어냈

---

23 Raj Chetty, Nathaniel Hendren, Patrick Kline et al., "Where is the land of opportunity? The geography of intergenerational mobility in the United States", *National Bureau of Economic Research*(2014).

24 Karla Hoff & Priyanka Pandey, "Belief systems and durable inequalities. An experimental investigation of Indian caste", *Policy Research Working Paper*, no. 3351,

다. 이 연구는 수학 혹은 논리학 문제를 풀기 전에 자신의 카
스트를 공개해야 하는 상황이 문제 해결 능력에 영향을 미친
다는 것을 입증했다. 그렇지만 언뜻 보기에는 특정 카스트에
속해 있다는 사실과 이런 유의 문제 풀이가 무슨 상관이 있
을까 싶다. 데이터상, 경제적으로나 사회적으로 나은 조건에
있는 학생들이 다른 학생들보다 수학 실력이 뛰어나지는 않
았다. 실험 결과는 어땠을까? 연구자들은 인도 전역 여러 마
을의 11~12세 남자아이 600명 이상을 실험에 참여시켰다.
피험자 중 절반은 신분이 높았고 나머지 절반은 신분이 낮았
다. 인도에서 카스트라는 신분 제도는 공식적으로 폐지되었
으나 현실에는 엄연히 존재한다는 점을 알아두자.

처음에 아이들은 자기 카스트를 밝힐 필요도 없고 다른 아
이들의 카스트도 모르는 상태에서 단순한 도형 문제를 풀었
다. 이때는 신분에 따른 문제 해결 능력의 차이가 전혀 관찰
되지 않았다. 그다음에는 각자 자기 이름과 소속 카스트를 다
른 아이들 앞에서 밝히는 시간을 가지고 나서 문제를 풀게
했다. 그러자 하위 카스트에 속한 아이들의 문제 해결력이 눈

World Bank Group(2004).

에 띄게 떨어진 것을 볼 수 있었다. 반면 신분이 높은 아이들에게서는 아무런 변화도 보이지 않았다. 이로써 자신이 사회적 사다리에서 낮은 쪽에 있다는 자각, 그리고 남들에게도 그렇게 인식되고 있다는 자각이 인지능력에도 크게 영향을 미친다는 결론을 끌어낼 수 있었다.

스탠퍼드 대학교의 클로드 스틸Claude Steele과 조슈아 애런슨Joshua Aronson이 백인과 흑인 대학생들을 대상으로 한 실험에서도 비슷한 결론이 나왔다.[25] 그들은 피험자 학생들에게 실험 목적을 설명해주지 않고 간단한 문제를 풀게 했다. 이때는 피부색에 따른 문제 해결력의 차이가 관찰되지 않았다. 그렇지만 학생들에게 실험 목적이 그들의 역량을 평가하는 것이라고 분명히 말해주고 문제를 풀게 했더니 흑인 학생들의 문제 해결력이 크게 떨어졌다. 이러한 연구는 지위 불안에서 비롯되는 스트레스, 혹은 이른바 '고정관념 위협stereotype threat'이 실제로 존재함을 보여준다. 비슷한 메커니즘이 남성과 여성 사이에서 관찰되는 불평등도 부분적으로 설명해줄 것이다.

25 Claude M. Steele & Joshua Aronson, "Stereotype threat and the intellectual test performance of African Americans", *Journal of Personality and Social Psychology*, no. 69-5(1995).

인간이라는 존재가 자신의 상대적 위치에 따라 능력이 위
축되기도 하고 활성화되기도 하는 경향은 일부분 생물학적
진화의 산물이다. 실제로 우리와 가까운 동물들에게서도 비
슷한 행동이 관찰된다. 캘리포니아의 마이클 랠리Michael Raleigh
와 마이클 맥과이어Michael McGuire를 위시한 연구자들은 버빗원
숭이들에게서 사회적 지위와 연관된 생화학 메커니즘을 연
구했다.[26] 버빗원숭이는 우두머리 수컷 한 마리를 중심으로
피지배 수컷들이 무리를 이루고 산다. 연구자들은 우두머리
수컷과 피지배 수컷의 세로토닌(뇌에 정보를 전달하는 데 관여하는
신경전달물질) 분비 추이에 관심을 두었다.

　버빗원숭이 무리에서 우두머리 수컷은 나머지 수컷들에
비해 세로토닌이 훨씬 더 많이 분비된다. 이 차이가 부분적으
로는 우두머리라는 지위로 설명된다. 실제로 우두머리 수컷
이라도 다른 수컷들로부터 고립되어 있으면 세로토닌 분비
가 위축된다. 그리고 피지배 수컷 중 우두머리 자리를 대신하

---

26 Michael J. Raleigh, Michael T. McGuire, Gary L. Brammer et al., "Social and
environmental influences on blood serotonin concentrations in monkeys", *Archives
of General Psychiatry*, no. 41-4(1984). 다음 책도 참고하라. Robert H. Frank,
Luxury Fever. Money and happiness in an era of excess(Princeton University Press,
2000).

게 된 한 마리는 세로토닌 분비가 활성화된다. 그러다 우두머리 수컷이 다시 무리로 돌아가 지위를 되찾으면 세로토닌이 도로 많이 나온다. 반대로 임시 우두머리는 원래 위치로 돌아가고 세로토닌 분비도 원래 수준으로 떨어진다. 이러한 변화는 무엇으로 설명되는가? 지배적 위치에 있다는 사실이 생물에게 긍정적 자극이 되고, 그 반대도 성립한다. 이러한 메커니즘이 우두머리에게 일종의 생리학적 보너스를 부여함으로써 사회적 상호작용의 안정에 이바지하는지도 모른다. 이 원숭이 무리는 그러한 안정을 바탕으로 외부 공격에 잠재적으로 좀 더 잘 대처할 수 있을 테고, 그게 곧 진화적 이점이다.

인간 집단에서도 비슷한 메커니즘이 사회적 불평등을 지속시키는 방향으로 작용할 수 있다. 특히 지배자들에게는 자극을 주고 약자들의 학업 역량 계발은 제한함으로써 말이다. 신경심리학 연구들은 지위 불안에서 비롯되는 스트레스와 인지능력 발휘 사이의 관계를 더 자세히 파헤쳤다.[27] 자기 가치를 알아주고 안심할 수 있는 환경에서는 자신감이 생기게 마련이다. 이때 분비되는 도파민, 일명 보상 호르몬도 기

---

27 James E. Zull, *The Art of Changing the Brain. Enriching teaching by exploring the biology of learning*(Stylus Publishing, 2002).

억력, 주의력, 문제 해결 능력에 도움이 된다. 이런 환경은 또한 아드레날린과 세로토닌 분비를 촉진해서 능력이 더 잘 발휘되게 할 수 있다. 반대로 스트레스에 장기적으로 노출된다면 코르티솔이 지나치게 많이 분비되어 사고능력과 기억력이 떨어질 것이다. 물론 이러한 생물학적 메커니즘은 상위층을 차지하는 이들에게 유리하게 마련된 사회적 전략(교육 시스템의 조직, 교육에 드는 비용 등)과 상호작용한다. 학교에서 사회적 불평등이 재생산되는 양상을 보여준 피에르 부르디외Pierre Bourdieu의 작업은 특히 이 점을 잘 보여준다.[28]

경제적 불평등과 성과

불평등이 한 인구 집단 전체의 건강과 사회의 교육 수준에 영향을 미친다는 것을 살펴보았다. 이제 불평등과 경제성장, 더 넓게는 불평등과 경제의 건강한 작동이 어떤 관계에 있는지 관심을 기울여보자.

---

28 Pierre Bourdieu & Jean-Claude Passeron, *La Reproduction. Éléments pour une théorie du système d'enseignement*(Minuit, 1970).

일단 지난 수십 년간 불평등과 성장의 관계에 대한 생각에 큰 영향을 주었던 이론을 떠올려보자. 그것은 바로 1955년에 발표된 '쿠즈네츠 곡선'이다. 벨라루스 출신의 미국 경제학자로서 1971년 노벨경제학상[29] 수상자인 사이먼 쿠즈네츠 Simon Kuznets는 한 국가의 소득불평등이 경제개발의 초기 단계에 계속 증가하다가 차츰 안정화되고 마지막에 가서는 완화된다고 주장했다. 적어도 19세기 말에서 20세기 중반까지 미국, 영국, 독일에서 관찰된 바로는 그랬다.[30] 이 현상을 쿠즈네츠는 다음과 같이 설명했다. 사회가 산업화되면 어떤 개인들은 산업 분야의 강력한 성장에 수혜를 입지만 다른 사람들은 그렇지 못하다. 여기서 경제개발 초기 단계의 불평등이 불거진다. '뒤집힌 U'자 곡선의 첫 부분이 여기에 해당한다. 그러나 산업이 농업, 수공업 같은 전통적 분야의 인력을 흡수하면 불평등은 점차 완화된다. 쿠즈네츠는 산업 부문에서는 저임금 노동자들이 임금 수준을 지키기 위해 조직적으로 움직이기에 용이하므로 다른 분야보다 대우를 좋게 받을 수 있다

---

29 원래는 '알프레드 노벨 기념 스웨덴 중앙은행 경제학상'이라고 해야 하지만 이 책에서는 편의상 노벨경제학상으로 칭한다.

30 Simon Kuznets, "Economic growth and income inequality", *American Economic Review*, no. 45-1(1955).

고 보았다. 그러므로 산업화가 진행될수록 사회 전체의 소득
수준은 높아지고 산업 내 불평등은 완화되는 경향이 있다고
여겼다.

　그렇지만 토마 피케티가 『21세기 자본』에서 보여주었듯이
쿠즈네츠 곡선에는 매우 큰 한계가 있다. 일단 쿠즈네츠가 관
찰한 불평등 감소는 메커니즘에 따른 것이 아니라 두 차례의
세계대전(전쟁이 금리생활자, 즉 자본가가 소유한 생산설비를 파괴했
다), 대공황(파산으로 부유층의 자본이 완전히 무너지기도 했다), 인플
레이션(한 세기 동안 거의 고정되어 있던 물가가 1915~1950년에 급격히
치솟음에 따라 세습 유산의 가치가 떨어졌다)에서 비롯된 결과다.

　불평등이 차츰 줄어들고 정체되었다는 시기 또한 정치적
예외 상황이었다. 서구 사회가 온갖 비극을 겪고 난 전후戰後
에는 사회적 결속과 연대가 필요하다는 역사적 합의가 있었
다. 그래서 전쟁 직후는 소득구간별 세율이 역사상 가장 높은
수준에 달했다. 게다가 쿠즈네츠가 수집한 데이터는 1970년
대 말부터 거의 모든 국가에서 불평등이 더 심해졌다는 것을
보여준다. 그러므로 불평등의 역학力學이 기계적으로 유유히
작동하는 것은 아니라고 봐야 한다. 그러한 역학은 때로는 무
난하지만 때로는 매우 과격한 사회 및 정치 세력들의 결과로
나타난다.

　마지막으로, 쿠즈네츠는 불평등이 경제성장에 미치는 여파를 연구한 것이 아니라 그 반대다. 국가 경제발전의 각 단계가 그 국가 내 불평등 수준에 어떻게 작용하는가를 살핀 것이다. 그렇다면 관계를 역방향으로 본 것 아닌가?

'좋은' 불평등?

불평등이 성장에 미치는 효과는 오랫동안 논란거리가 되어 왔다. 경제학자 아서 오쿤Arthur Okun은 소득격차가 기업가에게는 혁신하려는 의욕을, 노동자에게는 더 열심히 일해야겠다는 의욕을 불러일으킨다고 했다. 불평등 감소는 경제에 뚜렷한 손실을 불러온다는 것이다. 돈이 새어나가는 구멍이 생기기 때문이다. 공권력으로 부를 재분배한다면 그 부의 일부는 행정관리 비용으로 빠져나간다. 오쿤은 그래서 자신의 생각을 이렇게 요약한다. "케이크(시장의 효율성)도 먹고 그것을 공정하게 나누는 것까지 할 수는 없다. 양자택일을 해야만 한다."[31] 그 밖에도 여러 경제학자가 불평등과 성장이 긍정적 관계에 있다는 이론을 내세웠다. 가령 니콜라스 칼도어Nicholas

---

31　Arthur M. Okun, *Equality and Efficiency. The big tradeoff*(Brookings Institution, 1975).

Kaldor는 부의 불공평한 분배가 저축 수준을 높인다고 보았다.[32] 저축이 많으면 투자가 활발해진다. 그리고 거시경제학자들은 투자가 경제성장률을 좌우하는 요인 중 하나라고 본다.[33]

효율과 평등 사이의 절충안이 있을 수 있다는 생각 자체는 말이 안 되는 게 아니다. 정치 논쟁은 바로 이 두 목표 사이에 커서를 위치시키는 데 있다. 그렇지만 불평등 감소가 성장에 부정적 효과를 미치지 않는다는 사실은 점점 더 분명해지고 있다. IMF의 연구자들은 지난 30년간 이어진 불평등 감소 정책이 대부분의 경우 성장에 영향을 미치지 않았음을 보여주었다.[34] 이로써 '돈 새는 구멍' 주장은 힘을 잃었다. 게다가 다음의 몇 가지 예가 보여주듯이 불평등이 사실은 성장의 발목을 잡는다는 것을 입증한 연구들도 있다.[35]

---

32 돈이 많은 사람은 돈이 적은 사람보다 저축을 많이 한다. 그러므로 다른 조건이 모두 동일하다고 가정한다면 사회가 불평등할수록 저축액이 크다.

33 Nicholas Kaldor, "Capital accumulation and economic growth", *The Theory of Capital*(Springer, 1961).

34 Jonathan D. Ostry, Andrew Berg & Charalambos G. Tsangarides, "Redistribution, inequality, and growth", op. cit.

35 지난 20년 사이에 나온 양적 연구 18건 가운데 절반은 불평등이 성장에 해롭다는 결론을 내렸고, 6건은 반대의 결론을 내렸으며, 3건은 중도적인 결론을 내렸다. Federico Cingano, "Trends in income inequality and its impact on economic growth", *OECD Social Employment and Migration Working Papers*, no. 163(OECD,

불평등은 노동생산성을 떨어뜨린다

최근에 문화적으로 각기 다른 국가들에서 실시된 행동경제
학 연구들은 소득불평등이 노동자들의 의욕에 영향을 미치
고, 그로써 생산성과 직장에서의 안녕감에도 영향을 미친다
는 것을 보여주었다. 알랭 콘Alain Cohn, 에른스트 페르Ernst Fehr,
베네딕트 헤르만Benedikt Herrmann은 임금 불평등이 노동 의욕에
미치는 효과를 알아보는 실험을 했다.[36] 이 실험을 위해 그들
은 한 스위스 기업과 제휴해 피험자들에게 나이트클럽에 무
료 입장할 수 있는 프로모션 카드를 행인들에게 판매하는 단
기 임무를 맡겼다.

처음에 피험자들은 2인 1조로 일하고 모두 똑같은 임금을
받았다. 그러다가 다음 단계에서 몇 명만 임금을 임의로 조정
했다. 인위적으로 소득불평등을 조성하고 카드 판매에 나타
나는 변화를 관찰한 것이다(이러한 실험의 윤리적 성격을 문제 삼을
수도 있겠으나 여기서는 그러한 논의를 차치한다).

(모두가 동일한 임금을 받은) 첫 단계에서 노동자들은 하루 평

2014).

36 Alain Cohn, Ernst Fehr, Benedikt Herrmann et al., "Social comparison in the
workplace: evidence from a field experiment", *Discussion Paper*, no. 5550(IZA,
2011).

균 22장의 카드를 팔았다. 두 번째 단계에서 노동자 둘로 구성된 조는 세 집단으로 나뉘었다. 임금에 아무 변화가 없었던 첫 번째 집단(통제집단)은 사정이 좋았던 셈이다. 두 번째 집단이 가장 운이 좋지 않았다. 한 조를 구성하는 두 노동자 모두 임금을 4분의 1 삭감당했다. 세 번째 집단은 두 명 중 한 명만 임금을 4분의 1 삭감하고 다른 한 명은 원 상태를 유지했다. 노동자들은 매니저에게 경영진에서 임금 삭감 지시가 내려왔다는 말을 들었을 뿐 해명을 듣지 못했다.

이러한 조작이 생산성에 미치는 결과는 뚜렷했다. 첫 번째 집단(안정된 임금)은 두 번째 단계에서 판매량이 10퍼센트 늘었다. 그들은 점차 판매에 노련해졌고 어떤 접근이 손님들에게 먹히는지 알게 되었다. 두 번째 집단(두 사람 모두 임금 삭감)의 판매량은 15퍼센트 떨어졌다. 이것은 무시할 수 없는 수치다. 세 번째 집단에서 임금이 삭감된 사람은 첫 번째 집단에 비해 30퍼센트나 판매량이 떨어졌는데 '운 좋은' 동료는 통제집단과 동일한 수준의 판매량을 유지했다.

그러므로 우리는 불평등으로 혜택을 입은 사람들의 생산성 증가보다 그로써 불리해진 사람들의 생산성 저하가 더 크다는 결론을 낼 수 있다. 인도에서 실시한 비슷한 실험[37]도 결과가 유사한 것으로 보아, 불평등에 대한 반감은 문화적 차이를 초월하는 듯하다.

같은 유형의 또 다른 연구를 캘리포니아 버클리 대학교의 경제학자들도 실시했다.[38] 일에 대한 만족도는 (소득수준보다) 상대적 임금에 일부분 좌우되는 것으로 나타났다. 연구자들은 주어진 일자리에 대해 기준 임금보다 많이 받는다고 해서 노동 만족도가 높아지진 않지만 그보다 적게 받으면 매우 부정적 효과가 나타난다는 것을 확인했다. 자신이 기준 임금보다 적게 받고 있다는 자각은 이직 의욕을 자극한다. 그러므로 불평등이 오히려 노동에 자극이 되고 의욕을 자극한다는 가설적 세계는 현실과 거리가 멀다.

이러한 결과가 독자들에게는 당연해 보일 수도 있다. 더구나 행동경제학 연구의 상당수는 이미 열린 문을 밀고 들어간다는 둥, 경제학자 아닌 사람들이 보기에도 당연히 아닌 주장을 굳이 아니라고 입증한다는 비판을 받을 수 있다. 하지만 사실이 아님이 판명된 주장들(개인은 완전히 합리적이다, 불평

37 Emily Breza, Supreet Kaur & Yogita Shamdasani, "The morale effects of pay inequality", *Working Paper*, no. 22491(NBER, 2015).

38 David Card, Alexandre Mas, Enrico Moretti & Emmanuel Saez, "Inequality at work. The effect of peer salaries on job satisfaction", *American Economic Review*, no. 102-6(2012).

등에 신경 쓰지 않는다, 순전히 이기적이다 등)이 아직도 경제학계에서 먹히고 일부 의사결정권자들에게 채택되고 있다. 그러므로 심리학과 경제학의 교차점에 있는 이런 유의 실험 연구도 매우 중요하다.

불평등은 지식의 발전을 저해한다

앞에서 불평등은 가난한 사람들의 열악한 교육 및 건강 수준과—그리고 부유한 사람들의 좋지 않은 건강 상태와도—관련이 있다는 것을 보았다. 이러한 상황은 분명히 윤리적 문제를 제기하지만 경제학의 관점에서도 비생산적이다. 교육 수준이 낮은 국가의 경제는 청년층이 노동시장 진입에 어려움을 겪는 경제, 노동자는 업무를 잘 해내지 못하고 시민의 혁신은 위축되는 경제일 수밖에 없다. 경제학자 페데리코 친가노Federico Cingano는 OECD 가입국들을 대상으로 한 연구[39]에서 소득격차에서 비롯된 교육 불평등이 성장에 미치는 경제 불평등의 여파를 상당 부분 설명한다고 주장했다.[40] 노벨경제

---

39 Federico Cingano, "Trends in income inequality and its impact on economic growth", op. cit.

40 그러나 이 연구는 활용된 데이터로 인한 한계가 있다. 저자는 피라미드 상부의 불평등을 제대로 측정하지 않았는데 이 불평등은 사실 교육 불평등에서 기인한 것

학상 수상자 조지프 스티글리츠Joseph Stiglitz도 같은 현상을 확인하고 그러한 상황이 저절로 유지된다고 보았다.[41] 부의 격차는 사회의 주요한 선택들에 대해서, 특히 공공 및 민간 부문 투자에 있어서 엘리트층이 권력을 휘두르기 쉽게 한다. 불평등한 사회에서 재력을 바탕으로 정치 권력을 획득한 자들은 단기적으로 자기에게 이익이 되는 투자를 촉진한다. 교육도 그렇지만 공공보건, 대중교통 등에서도 마찬가지다. 조지프 스티글리츠는 사회적으로 유용한 투자가 감소하면 개인들이 행동력을 발휘할 수 없게 되므로 경제성장이 제한된다고 주장했다.

불평등과 금융위기

전 IMF 수석경제학자 라구람 라잔Raghuram Rajan은 또 다른 주장을 전개했다.[42] 그는 미국에서 부의 불공평한 분배가 2008년 금융위기로 폭발한 총체적 난국의 한 요소라고 보았다. (그리고 이 금융위기 자체가 불평등을 심화시키기도 했다.) 라잔의 주

이 아니다.

41 Joseph E. Stiglitz, *Le Prix de l'inégalité*(Actes Sud, 2014).

42 Raghuram G. Rajan, *Fault Lines. How hidden fractures still threaten the world economy*(Princeton University Press, 2011).

장은 다음과 같다. 불평등한 경제성장 상황에서 임금이 낮은 사람들은 생활 수준이 정체되는 반면, 부유층의 소득은 늘어난다. 정부는 소비 수준을 유지하기 위해(소비는 성장의 원동력 중 하나이므로) 부동산 가치가 계속 오를 것이라는 생각을 심어주면서 저소득층의 대출을 장려한다. 한편 피라미드의 반대쪽에 있는 부유층은 금융시장에 그들이 쓰지 않는 돈을 빌려주고(주택 세 채에 요트까지 구입했는데 어디에 돈을 더 쓰겠는가……) 부동산 가격 거품과 폭등을 부추긴다. 그러나 저소득 가계의 지불 능력이 실제로 높아지지는 않기 때문에 그러한 폭등이 언제까지나 계속될 수는 없다.

그렇지만 이러한 주장이 역사상의 모든 경제위기로 일반화될 수는 없다. 또한 서브프라임 위기는 미국의 금융 시스템이 무분별하게 돌아가는 한—지금도 그러고 있지만—더 낮은 불평등 수준에서도 일어날 수 있었다. 그러나 소득 정체와 대출을 통한 소비 장려의 조합이 기폭제가 되었음은 충분히 확인할 수 있고, 앞으로도 그런 일은 일어날 수 있다.

환경 파괴

불평등은 환경을 질적으로 위협하는 경향이 있다. 여기에는 경제적 요인도(불평등은 우리의 소비 방식에 영향을 미친다), 정치적 요인도(불평등은 환경을 위한 조치들이 투표로 가결되는 것을 방해한다) 있다. 최근의 여러 연구는 불평등 감소가 환경에 이롭다는 결론에 도달했다. 하지만 우리는 이 관계가 자동적이지 않다는 것을 3부에서 살펴볼 것이다. 불평등을 완화하는 방식은 여러 가지가 있는데 그 방식들이 환경을 생각하는 관점에서 모두 바람직하지는 않다. 이것이 앞으로 20~30년간 가장 중요하게 다룰 문제다. 하지만 우선은 경제적 불평등이 어떤 식으로 공해 수준을 높이는지 살펴보기로 하자.

"남들만큼은 하자"

사회적 동물로서 우리의 행동은 자신을 남들과 비교하려는 성향에 자주 휘둘린다. 영어권에는 이러한 태도를 가리키는 표현이 있다. "keep up with the Joneses", 뒤처지지 말고 남들만큼은 하고, 할 수 있거든 그 이상을 하자는 뜻이다.

　이러한 비교 욕구가 우리의 소비 방식에 영향을 미친다. 간단히 말하자면, 우리는 옷이나 자동차나 집을 사면서 부분적으로는 생활 수준을—대개는 준거집단에게, 다시 말해 자신에게 중요한 사람들에게—나타내려 한다. 작가 플로베르 Gustave Flaubert는 소비에서 행복과 품위의 신기루를 찾는 보바리 부인이라는 인물을 통해 소비 행위가 보기만큼 '객관적이지' 않고 심리적이고 사회적인 기능도 한다는 것을 보여주지 않았는가? 이스라엘 연구자 오리 헤페츠Ori Heffetz는 미국에서 실시한 광범위한 연구조사를 통해서 미국인들이 잘살수록 사회적으로 눈에 띄는 상품의 구입에 돈을 많이 쓴다는 것을 보여주었다.[43]

미국의 사회학자 소스타인 베블런Thorstein Veblen의 작업은 이 메커니즘의 원동력을 더 잘 보여주었다. 20세기 말에 출간된 저서 『유한계급론The Theory of the Leisure Class』에서 그는 각 사회계급이 자기보다 앞서 있는 계급을 모방하려 하고 자기보다 뒤처진 계급과는 차별화하고 싶어 한다고 주장했다.[44] 이런 식으로 사회는 마치 소비를 통한 차별화 경쟁처럼 작동한다. 소비의 사회적 기능에 대한 이러한 생각은 애덤 스미

---

43 Ori Heffetz, "A test of conspicuous consumption. Visibility and income elasticities", *Review of Economics and Statistics*, no. 93-4(2010).

44 Thorstein Veblen, *The Theory of the Leisure Class*(Penguin, 1994[1899])

스Adam Smith의 잘 알려지지 않은 저작 『도덕감정론The Theory of Moral Sentiments』에서도 볼 수 있다. 애덤 스미스는 이 책에서 영국 경제학자 프레드 허시Fred Hirsch의 '인정 욕구'나 프랑스 사회학자이자 철학자 장 보드리야르Jean Baudrillard의 구별짓기 개념과 맞닿아 있는 생각을 전개한다.[45] 마케팅 전문가들은 그러한 효과를 아주 잘 안다. 가령 애플이 스마트폰을 홍보하면서 그러한 전략을 사용한다. 최신형 아이폰을 구입하는 소비자들은 (광고에 따르면) 한층 더 성능이 뛰어난 애플리케이션들의 총체를 사는 것이 아니라 사회적 위상을 사는 것이다.

소스타인 베블런은 사회가 불평등할수록 자기를 차별화하면서도 다른 사람들을 따라잡기 위해 눈에 띄는 재화를 소비하려는 경향이 심하다고 보았다. 새뮤얼 볼스Samuel Bowles와 박용진은 가장 불평등한 사회가 연간 노동시간이 가장 많은 사회이기도 하다는 것을 보여주었다.[46] 구체적으로(1990년대 초 데이터에 따르면) 미국의 불평등이 스웨덴과 같은 수준이라면 미국인의 노동시간은 10퍼센트 줄어들 것이다. 10퍼센트는

45 Jean Baudrillard, *La Société de consommation* (Folio, 1996).

46 Samuel Bowles & Yongjin Park, "Emulation, inequality, and work hours: was Thorstein Veblen right?", *The Economic Journal*, no. 115(2005).

결코 무시할 만한 수치가 아니다. 두 저자는 '베블런 효과'로 이 결과를 설명한다. 불평등한 사회에서는 자기가 부러워하는 사람들의 생활양식을 따라잡기 위해 더 많이 일하는 경향이 있다는 것이다.

그런데 불평등이 환경과는 어떤 관계가 있는 걸까? 최상위층을 닮고 싶다는 욕망에서 비롯된 소비가 공해를 증가시키면서 이 역학은 지구에 유해하게 작용한다. 그러므로 부유층의 생활 방식이 다른 계층보다 더 지속 불가능한 경우, 상황은 더욱 악화된다. 그런데 이 책의 2부에서 보겠지만, 소득과 공해 배출 수준은 밀접한 관계가 있다. 사회적 차별화 경쟁은 대부분 배기량이 큰(따라서 공해도 더 많이 일으키는) 자동차 구매, (에너지소비가 크고 더 많은 땅을 차지하는) 대형 주택 구매, (이산화탄소를 더 많이 배출하는) 세계 반대편으로 떠나는 여행 등으로 이루어진다. 이러한 활동은 환경에 미치는 인간의 영향을 증대한다. 물론 가장 잘사는 사람들은 화석 발자국을 거의 남기지 않는 재화와 서비스도 더 많이 소비하지만(가령 예술작품은 자동차보다 에너지를 덜 소비한다), 더 큰 집과 배기량이 더 큰 차도 소유하고 있다.

기울어진 정치 논쟁

우리는 앞에서 경제적 불평등이 정치 논쟁을 양극화한다고 했다. 실제로 미국에서 정치 논쟁이 급진화된 시기는 환경 정책의 암흑기였다.[47] 불평등이 본격화되던 시기 이전, 그러니까 미국환경보호국Environmental Protection Agency이 창설된 1970년 이전은 그렇지 않았다. 안타깝지만 지난 몇 년간의 정치 상황만 보더라도 알 수 있다. 2017년 6월에 도널드 트럼프는 대선 공약대로 "미국의 에너지 안전과 노동자들을 위해" 파리기후협약 탈퇴를 선언했다. 트럼프 대통령의 진짜 동기가 무엇이었든 간에, 그는 자기 결정을 정당화하기 위해 사회정의(노동자 보호)라는 논거에 기대야 했다.

그런데 이 논거는 받아들일 만한가? 기후를 지키기 위해서는 점진적으로 화석에너지에서 벗어나야만 하고, 그러자면 석탄 산업 종사자들을 다른 분야로 재배치해야 한다. 하지만 석탄 산업 종사자는 미국 경제활동인구의 0.05퍼센트에 불과하다. 그 정도면 나머지 인구에 부담을 주지 않고서 상대적으로 표적 보상 조치를 할 수 있다. 물론 친트럼프적인 '경합

---

47 Éloi Laurent, "Inequality as pollution, pollution as inequality", op. cit.

주', 가령 웨스트버지니아처럼 광산업 역사가 긴 지역에서는 광산노동자가 인구의 2.5퍼센트까지 차지하기도 했다. 여기에 광산업 위축에 영향받을 수 있는 이 노동자들의 가족까지 생각해야 했다. 하지만 그렇다고 해도 공해를 배출하는 일자리를 지키기보다는 그 일자리에 종사하던 사람들을 보호하면서 점진적 전환을 꾀할 수 있었다. 이 문제는 3부에서 다시 살펴보기로 하자.

다음 장들에서도 볼 수 있겠지만 미국의 저소득 노동자들이야말로 기후변화의 결과에 가장 먼저 피해를 입는 사람들이다. 그렇지만 그들의 임금 정체라는 맥락 안에서, 또한 진보 정당들이 환경 정책의 사회적 효용을 이해시키지 못하는 상황에서, 도널드 트럼프의 극단적 결정은 환경과 공공보건에 미치는 피해에도 불구하고 광산업 전통이 있는 경합주에서 점수를 따게 해주었다.

이러한 전략은 지극히 전형적으로, 미국의 45대 대통령이었던 '정치적 UFO'의 전유물이 결코 아니다. 프랑스에서도 (뒤에서 다룰) 노란 조끼 시위[48]가 일어나기 10년 전에 우파 정

---

48 (옮긴이) 2018년 11월 에마뉘엘 마크롱Emmanuel Macron 정부의 유류세 인상 발표에 반대해 일어난 시위로, 점차 반정부 시위로 확산되었다. 집회 참가자들이

부가 가계와 기업에 이산화탄소 소비세를 도입하려고 했다. 당시 좌파 세력의 일부는 저소득층과 농촌 가계에 부담을 주는 '반사회적' 조치라고 반대하고 나섰다. 실제로 이 인구는 (농촌은 대중교통수단이 발달하지 않았으므로) 이동수단에 제약이 있고 에너지 비용이 갑자기 높아지면 감당할 여력도 거의 없었다. 주중에는 대중교통으로 출퇴근하고 주말에만 차를 쓰는 도시민 '보보족'[49]과는 사정이 완전히 달랐다.

탄소세가 불공정하다는 생각은 여론에 파문을 일으켰고, 해당 계획을 좌초시키는 데 일조했다.[50] 탄소세에 반대하는 사람들의 상당수는 사실 불평등에 별 관심이 없었음에도 이 논거를 앞세웠다. 하지만 이 정치적 시퀀스는 환경보호 조치가 사회적·국토적 불평등의 벽에 부딪혀 깨질 수 있다는 것을 보여주었다.

반대로 이산화탄소 배출에 매기는 세금의 개척자이자 사

운전자가 사고를 대비해 차에 의무적으로 비치하는 형광색 노란 조끼를 입고 나왔기 때문에 이러한 명칭이 붙었다. 자세한 내용은 이 책 3부를 보라.

49 부르주아Bourgeois와 보헤미안Bohemians의 합성어.

50 법적으로 탄소세는 탄소배출 할당량과 탄소세에 대한 유럽 시스템을 따르는 기업과 탄소세가 부과되지 않는 기업 사이의 불평등을 낳을 수 있다는 이유로 헌법위원회의 검열을 받았다.

회적 불평등 수준이 낮은 스웨덴이나 노르웨이 같은 북유럽 국가들은 정당들의 합의라는 정치 문화를 바탕으로 1990년 대 초에 환경 관련 법안을 마련할 수 있었다. 노벨경제학상 수상자 엘리너 오스트롬Elinor Ostrom의 연구가 잘 보여주었듯 이, 일반석으로 소규모 공동체의 환경자원 관리에는 강력한 사회적 결속력이 중요하다.[51]

불평등과 환경의 질 사이의 관계를 다룬 최근의 실험 연구 42건 중에서 15건은 불평등이 환경의 질을 떨어뜨린다는 결 론을 내렸고, 9건은 정반대의 결론을 내렸으며, 7건은 소득수 준에 따라 다르다고 보았고(빈곤국에서는 불평등이 환경에 별 영향 을 주지 않지만 선진국에서는 그 영향이 뚜렷이 보인다든가), 11건은 통 계적으로 별 관계가 없다고 보았다. 우리는 이 메타 분석에서 무엇을 얻어낼 수 있을까? 신중한 접근이 필요하다. 불평등 은 환경보호를 어렵게 하는 경향이 있지만 불평등 완화가 저 절로 환경을 개선하지는 않는다. 이 분야에서는 보완적 조사 가 필요하다. 어쨌든 희소식은 이 분야가 계속 발전하고 있다

---

51 Elinor Ostrom, *Governing the Commons. The evolution of institutions for collective action*(Cambridge University Press, 1990).

는 것이다.[52] 경제적 불평등을 완화해야 할 필요에 대해서는 이질적 행위주체들(환경운동가, 선출직 공무원, 기업 대표, NGO, 국제기구 등) 사이의 전례 없는 합의가 이루어졌다. 경제적 불평등이 그 자체로 문제일 뿐 아니라 지속 가능한 개발의 모든 차원(민주주의, 건강, 경제, 환경 등)에 영향을 준다는 것을 보여주는 증거들이 점점 더 늘어나기 때문에 이 합의는 부분적으로 이해할 만하다. 그러나 이 합의는 불평등에 대한 새로운 정보가 발표되고 확산된 결과이기도 하다.

---

52 특히 이 주제에 대해서는 다음을 보라. Ian Gough, Heat, Greed & Human Need, *Climate Change, Capitalism and Sustainable Wellbeing*(Edward Edgar, 2017).

2장

경제적 불평등의 경향과 원인

부유한 국가와 신흥국 상당수에서 불평등 수준이 역사상 최저로 떨어졌다가 다시 치고 올라왔다는 데는 거의 모두가 동의한다. 그렇지만 우리가 고려해야 할 거대한 변화와 그 순서는 정확히 어떤 것인가? 공청회에서 제시되는 데이터들을 어떻게 해석해야 하는가? 불평등에 대한 측정은 과학적이고 지적인 시도인 동시에 행정적·정치적 시도라는 점을 기억하는 것이 좋겠다. 우리가 관찰하는 경향은 어떤 안경을 쓰고 바라보느냐에 달렸다. 다시 말해, 그러한 경향은 우리가 측정하기로 선택한 지표(최상위 1퍼센트, 하위 50퍼센트, 혹은 그 외 무엇을 기준으로 볼 것인가?)와 그러한 목적으로 취합하는 데이터의 질에 좌우된다.

불평등의 역사

(거의) 모든 국가에서 소득불평등이 증가하다

빈부격차와 계층 간 소득의 불균형을 나타내는 수치인 지니계수는 사회에 완전평등이 존재할 때 0이 되고 어느 한 개인이 가용 자원을 독점할 때 1이 되는 지표다. 일단은 소득불평등에 집중해보자. 여러 국가에서 20세기 초부터 측정한 지니계수는

0.2 이하로 떨어진 적이 없고 사상 최고치는 0.65였다.

　지니계수의 변화는 지난 30년간 선진국 대부분에서 소득 불평등이 증가했음을 보여준다. 그러한 증가는 미국에서 특히 두드러졌고, 1980년대 초에 불평등 수준이 낮았던 (북유럽) 국가들에서도 관찰되었다. 벨기에, 프랑스, 네덜란드 같은 나라들은 이 경향을 억제하는 데 성공했다. 이 나라들에서도 지난 30년간 소득과 부의 격차가 벌어지는 현상이 관찰되었지만 다른 유럽 국가들보다는 나았다는 얘기다.

　지니계수에 대해서 좀 더 자세히 짚고 넘어가자. 이 계수는 다른 불평등 지표들에 비해 전체를 조망하게 해준다는 장점이 있다. 지니계수는 사회 전체의 불평등이 어떻게 변해가는지 알려준다. 혹은, 좀 더 정확하게 말하자면, 소득 분배 전반의 불평등 수준에 대해서 종합적 정보를 준다. 그러나 사회적 사다리 위쪽이나 아래쪽에서 일어나는 변화는 잘 반영하지 못한다. 전체를 보여주는 지표는 그 구성적 성격상 사회적 피라미드의 상단 혹은 하단에서의 불평등 격차에 민감하지 않다. 게다가 지니계수는 중산층의 후퇴라는 중대한 변화를 가려버린다.

　예를 하나 들어보겠다. 1980년 당시 세계의 불평등을 나타내는 지니계수는 0.65였다가 2003년에 0.68까지 올라갔고

그림 2 전 세계 소득불평등, 1980~2016년

일견 안정적으로 보이는 불평등 수준 이면에는 중산층의 몰락이 있다.

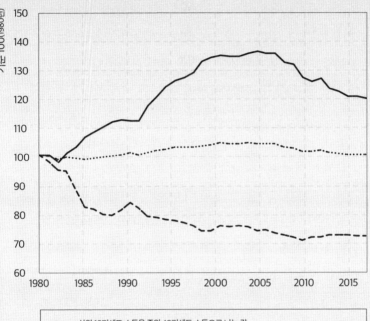

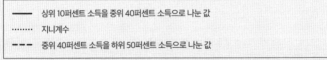

─────── 상위 10퍼센트 소득을 중위 40퍼센트 소득으로 나눈 값

··········· 지니계수

─ ─ ─ 중위 40퍼센트 소득을 하위 50퍼센트 소득으로 나눈 값

해석: 전 세계에서 중위 40퍼센트의 평균소득 대비 상위 10퍼센트의 평균소득은 1980년에서 2016년 사이에 20퍼센트포인트 증가했다. 중위 40퍼센트의 평균소득 대비 하위 50퍼센트의 평균소득은 27퍼센트포인트 떨어졌다. 그렇지만 2015년의 지니계수는 0.65로 1980년과 동일한 수준이다.

출처: WID.world. 더 자세한 내용은 www.lucaschancel.info/insoutenables를 보라.

지금은 다시 0.65 수준이다. 이 말만 들으면 세계의 불평등이 정체되었다고 생각할지도 모르겠다. 그렇지만 [그림 2]는 정체처럼 보이는 통계 이면에 엄청난 폭의 진동이 있었음을 보여준다. 일단 상위 10퍼센트의 소득은 전 세계 중위층에 비해 비약적으로 상승했고 하위 50퍼센트는 이 중위층에 따라잡혔다. 지니계수로는 이러한 사정을 파악할 수가 없다.

하지만 이게 다가 아니다. 지니계수의 한계에는 국제기관들이 불평등을 측정할 때 흔히 사용하는 데이터에 내재한 한계도 가세한다. 이 기관들은 소득과 세습자산의 추이를 추적하기 위해 일반적으로 방문 조사(혹은 전화나 인터넷을 통한 설문) 기법을 사용한다. 방문 조사는 다른 자료 출처가 없을 때 대단히 유용하지만 여러 가지 불편한 점을 안고 있다. 일단 부자들에 대한 방문 조사는 매우 어렵다. 부자들은 수가 적고, 설문에 응하려는 의지가 있더라도 자기 소득과 재산을 낮게 평가하는 경향이 있기 때문이다. 게다가 이러한 조사들은 방법론이 다양할뿐더러 소득과 부에 대한 정의가 다양하기 때문에 대체로 국가 간, 시대 간 비교가 매우 어렵다.

경제학자들은 불평등에 대한 좀 더 믿을 만하고 비교 가능한 정보를 제공하기 위해서 전 세계 소득 및 자산 불평등의 연대기적 양상에 자유롭게 접근할 수 있는 데이터베이스

WID.world를 만들었다.

WID.world는 체계적으로 처리된 조세 자료와 다른 출처의 자료(설문조사, 국민계정[1])을 결합해 사용한다는 점에서 여타의 불평등 측정 도구들과 다르다. 이러한 접근은 우리가 앞에서 보았던 쿠즈네츠의 연구 전통에 입각해 있고, 지난 15년간 토마 피케티, 앤서니 앳킨슨Anthony Atkinson, 이매뉴얼 사에즈, 파쿤도 알바레도Facundo Alvaredo 같은 경제학자들이 해온 연구 노선과도 맞닿아 있다.

2011년에 이 경제학자들은 월드톱인컴 데이터베이스(WTID)World Top Incomes Database를 창설했고 부의 불평등을 전문으로 연구하는 학자 가브리엘 쥐크만Gabriel Zucman이 여기에 합류했다. 필자도 운 좋게 2015년에 이 프로젝트에 가담했고 현재 공동관리자로 있다. 2017년에 우리는 이 데이터베이스를 세계불평등 데이터베이스(WID.world)World Inequality Database로 다시 명명했다. 이제 WID.world는 세습자산 불평등의 연대기적 양상을 통합하고, (고소득에 국한하지 않고) 소득 분배 전체를 다루며, 개발도상국에 대한 고려를 확대하고, 젠더 불평등

---

1 (옮긴이) 일정 기간의 국민경제활동 결과와 일정 시점에서의 국민경제의 자산 및 부채 상황을 나타낸 것.

과 환경적 불의로 점진적으로 영역을 확장하면서 5대륙 100여 개 국가에서 일하는 100여 명의 학자를 규합하고 있다.

WID.world의 데이터를 공식 기관들의 가계 대상 조사 데이터와 비교해보면 뚜렷이 드러나는바, 후자에서 소득 상위군의 불평등 증대는 다분히 과소평가되었다. 공식 기관들의 조사대로라면 유럽의 소득 최상위 1퍼센트는 월수입이 평균 1만 8,000유로다. 그런데 소득 상위군에 대한 상세 데이터를 사용한 통계로는 같은 집단의 월수입이 평균 2만 8,000유로로, 약 50퍼센트나 더 많은 금액으로 잡힌다. 다른 부자 국가들을 대상으로 한 비교에서도 비슷한 결론이 나왔다. 신흥국에서 이 격차는 더 크게 나타났다. 따라서 불평등을 논할 때는 어떤 지표를 보고 있는지, 어떤 종류의 데이터를 가지고 말하는지 살펴보는 것이 항상 중요하다.

상위소득의 폭발적 증가

불평등 지표의 사용은 어느 한 사회의 정의에 대한 시각, 이른바 '사회적 효용 기능'에 달려 있다. 지니계수를 가지고 서로 다른 국가들을 비교하려면 이 지표의 수학적 속성과 관련된 일련의 규준을 선택해야 한다. 그 규준들이 바로 사회적 효용 기능을 나타낸다. 그런데 이 임의적 선택이 사실 그리

명쾌하지는 않다. 영국의 경제학자 앤서니 앳킨슨은 지니계수의 사회적 효용 기능이 일반적으로 받아들여지는 정의의 기준을 반영하지 못한다고 본다.[2]

불평등의 양상을 추적하는 단순하면서도 의미심장한 방법은 상위 10퍼센트나 최상위 1퍼센트 집단, 중위 40퍼센트 집단, 하위 50퍼센트 집단 등 서로 다른 소득 집단에 할당된 소득액(혹은 재산)을 살펴보는 것이다. 이 다양한 집단이 케이크를 어떻게 나눠 갖는지 그 변화를 연구할 때 사회적 효용 기능은 지니계수만 들여다볼 때보다 훨씬 뚜렷하게 시사하는 바가 있다. 부자들(상위 10퍼센트 혹은 최상위 1퍼센트)의 소득이 서민들(중위 40퍼센트 혹은 하위 50퍼센트)의 소득을 갉아먹으면서 점점 더 늘어나는 사회는 점점 더 불평등해지는 사회라고 보아도 일반적으로 수긍할 것이다.

그러니만큼 '명시적' 지표들을 분석하는 것으로는 충분치 않다. 신뢰할 만한 정보가 그 지표들에 가세해야만, 조세 자료를 바탕으로 고소득과 세습자산의 추이에 대해 더 상세한 정보를 얻을 수 있다. 설문조사들과 달리, 이 정보는 개인이

---

2 Anthony B. Atkinson, "On the measurement of inequality", *Journal of Economic Theory*, vol. 2, no. 3(1970).

공식적으로 당국에 신고한 소득액과 자산을 알려준다. 매우 부유한 사람들도 이때는 탈세를 작정하지 않은 이상, 자기 소득이나 자산을 실제보다 낮게 신고할 수 없다. 그러므로 정확하지 않은 답변의 수가 상당 부분 제한된다.[3] 세금을 덜 내려는 온갖 소세회피 수난과 세금 최석화를 감안하더라도(WID. world는 파나마 페이퍼스Panama Papers[4]에서 얻은 정보를 바탕으로 은닉되거나 축소된 재산도 가능하면 포함하려 한다) 국제기구 및 기관이 현재 사용하고 있는 표준 데이터보다는 이 데이터가 훨씬 더 믿을 만하다.

WID.world의 데이터가 무엇을 드러내는지 좀 더 밀착해서 살펴보기로 하자. 앞에서 언급했듯이 이 데이터는 조세 자료, 설문조사, 국민계정 등을 투명하면서도 체계적으로 종합

---

3   사회 계층 사다리의 아래쪽으로 내려갈수록 세금이 부과되는 소득이 줄어든다. 그러므로 하위소득 집단의 소득액을 낮게 평가할 위험이 있다. 따라서 이 데이터의 출처에도 한계는 있다. 이 때문에 부와 소득의 재분배 양상 전체를 섬세하게 파악하기 위해서는 가능하면 다양한 출처(세금 신고, 설문조사)의 자료를 취합해야 한다.

4   (옮긴이) 파나마 페이퍼스는 국제탐사보도언론인협회(ICIJ)가 폭로한 파나마 최대 로펌 모색 폰세카가 보유한 약 1,150만 건의 비밀문서다. 이 문서에는 전 세계 부유층이 어떻게 세무조사를 피해서 재산을 은닉했는지에 대한 정보가 포함되어 있다.

그림 3 상위 10퍼센트가 국민소득에서 차지하는 비중(중국, 유럽, 인도, 미국-캐나다, 러시아), 1980~2020년

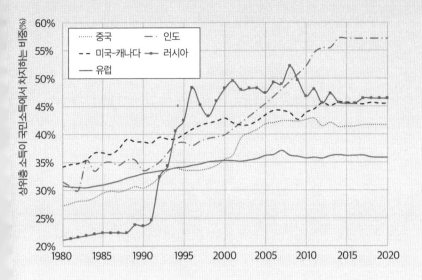

해석: 1991년 러시아의 소득 상위 10퍼센트는 러시아 국민 전체 소득의 25퍼센트를 차지했다. 1996년에는 이 비중이 48퍼센트 가까이로 늘었다.

성인의 국민소득 분포(국민연금과 고용보험 같은 사회보험료를 제한) 세전 소득
출처: WID. world. 더 자세한 내용은 www.lucaschancel.info/insoutenables를 보라.

할 뿐 아니라 가능한 선에서 조세회피 관련 데이터까지 아우
르고 있다.

　모든 정보를 취합하건대, 1970년대 이후로 불평등은 모든
나라에서 증가했지만(그림 3) 증가 속도는 각기 달랐다. 가장
극단적인 예는 러시아다. 1980년에 러시아는 이 표에 나타난
국가들 중 가장 평등한 국가였다. 당시 러시아의 상위 10퍼
센트가 차지하는 소득은 전체 소득의 20퍼센트를 조금 넘는
수준이었다(이 소득 집단에 속한 개인은 평균소득을 버는 러시아 국민
보다 돈을 두 배 잘 버는 정도에 그쳤다는 얘기다). 그런데 1990년에
서 1995년까지 불과 5년 사이에 러시아는 세계에서 가장 불
평등한 나라가 되었다. 상위 10퍼센트의 소득이 전체 소득의
45퍼센트를 넘어섰고(이 소득 집단에 속한 개인은 보통 국민이 벌어
들이는 돈의 네다섯 배를 벌게 되었다.) 이에 비하면 북미는 뚜렷한
상향 곡선을 그리기는 하지만 비약적인 상승은 없었다. 1980
년에 미국에서 가장 잘사는 상위 10퍼센트의 소득은 전체 소
득의 35퍼센트를 살짝 밑돌았지만 지금은 45퍼센트를 넘는
다. 인도에서도 소득불평등은 1980년에 상대적으로 심하지
않다가(상위 10퍼센트가 전체 소득의 약 30퍼센트를 차지) 이제 극단
적인 수준(55퍼센트 이상)까지 치달았다. 중국에서도 이 기간에
불평등은 증폭되었으나 2000년대 중반부터 안정화되는 추세

다. 유럽의 소득불평등은 세계 다른 지역에 비해 확실히 완만하게 증가했다(40년 동안 상위 10퍼센트가 전체 소득에서 차지하는 비중은 30퍼센트에서 36퍼센트로 늘었다).

[그림 3]에서 부유한 국가로 분류되는 두 지역(미국-캐나다, 유럽) 안에서도 중요한 불일치를 주목할 수 있다. 불평등의 증가는 유럽 대륙의 주요 국가들(그림 4-2)보다 영미권 국가(그림 4-1)에서 훨씬 두드러졌다. 영미권 국가에서 최상위 1퍼센트가 차지하는 소득은 1910년대에 10~20퍼센트에서 1980년대에 5~10퍼센트로 떨어졌다가 현재 다시 10~20퍼센트 수준으로 늘어났다. 특히 미국의 예는 극단적이다. 미국의 최상위 1퍼센트는 1910년에 국민 전체 소득의 20퍼센트를 차지했다. 이 수치는 1980년까지 10퍼센트 수준으로 떨어졌다가 현재 다시 20퍼센트로 올라왔다. 그런데 이 기간에 미국의 하위 50퍼센트 소득은 1980년대에 20퍼센트 수준이었던 것이 현재 10퍼센트로 주저앉았다.[5] 프랑스와 독일에서 최상위 1퍼센트의 소득은 20세기 초에 미국과 비슷한 20퍼센

---

5   Thomas Piketty, Emmanuel Saez et Gabriel Zucman, "Distributional national accounts: methods and estimates for the United States", *National Bureau of Economic Research*(2016).

트 안팎이었으나 1980년에 7~10퍼센트로 완화되었다가 현
재 10~13퍼센트까지 올라왔다. 그렇지만 이 기간에 유럽 하
위 50퍼센트의 소득 비중은 미국에서만큼 크게 주저앉지 않
았다. 프랑스는 1980년부터 2020년 사이에 하위 50퍼센트가
소득에서 차지하는 비중이 23퍼센트에서 22퍼센트로 아주
약간 감소했을 뿐 안정적이었고 독일도 같은 기간 23퍼센트
에서 19퍼센트로 완만하게 감소했다.

[그림 4-1]과 [그림 4-2]가 보여주는 중요한 요소가 있다.
장기적 역사의 관점에서, 1970년대 말과 1980년대 초는 세계
대부분 지역에서 불평등 수준이 가장 낮은 시기였다. 1980년
대 초의 신자유주의적 전환이 두 차례 세계대전 사이의 제각
기 다른 정치 및 경제 체제(당시 유럽이나 미국의 체제는 혼합적이
었으나 중국과 러시아는 공산주의 혹은 사회주의 체제였고 인도는 규제가
매우 강력한 경제 체제를 채택했다)에서 시작된 소득 및 유산 평준
화에 실제로 종지부를 찍은 것이다. 경제사학자 칼 폴라니의
표현을 빌리자면 이 시기는 시장이 다소 강력하게 '배태되어
embedded'[6] 있었다고 말할 수 있겠다.[7]

그러면 세계의 나머지 지역에서는 사정이 어떠했는가? 우
리는 지금까지 특히 아프리카, 브라질, 중동이라는 세 지역에
대한 논의를 배제했다. 이 지역들은 지난 수십 년 동안 지표

그림 4-1 최상위 1퍼센트가 국민소득에서 차지하는 비중(미국, 영국, 캐나다, 오스트레일리아), **1915~2015년**

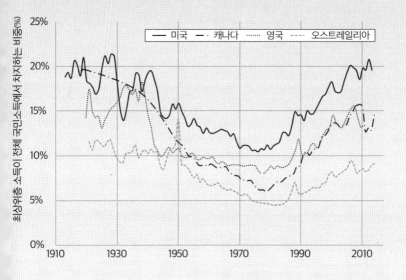

해석: 2014년 미국에서 최상위 1퍼센트의 소득은 전체 국민소득의 20퍼센트를 차지했다.

성인의 국민소득 또는 과세 가구의 소득 분포(국민연금과 고용보험 같은 사회보험료만 제한 세전 소득)
출처: WID. world. 더 자세한 내용은 www.lucaschancel.info/insoutenables를 보라.

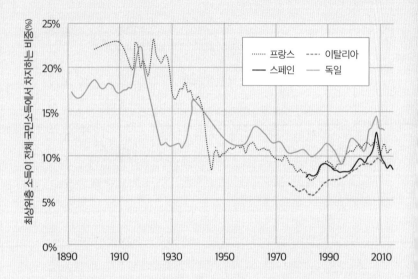

그림 4-2 최상위 1퍼센트가 국민소득에서 차지하는 비중(유럽 주요 국가), 1900~2015년

최상위층 소득이 전체 국민소득에서 차지하는 비중(%)

.... 프랑스   ---- 이탈리아
—— 스페인   —— 독일

해석: 1900년 프랑스 최상위 1퍼센트의 소득은 전체 국민소득의 22퍼센트를 차지했다.

성인의 국민소득 또는 과세 가구의 소득 분포(국민연금과 고용보험 같은 사회보험료만 제한 세전 소득)
출처: WID. world. 더 자세한 내용은 www.lucaschancel.info/insoutenables를 보라.

상으로는 불평등 수준의 변화가 거의 없었지만 터무니없는 소득 집중이 일어났다. 상위 10퍼센트의 소득은 국민소득의 55퍼센트와 맞먹거나 그 이상이다.[8] 이 지역 국가들은 20세기 전반기 이후로 불평등이 감소하는 역사적 시기를 사실상 거치지 못했다. 그리고 어떤 면에서는 현재 인간 사회가 낳을 수 있는 불평등 수준의 상한선을 보여준다. 불평등의 감소를 경험하지 못한 국가들은 필연적으로 이렇게 극단적 수준까지 치닫고 마는가? 우리는 1980년 이후 국가들 사이에서 관찰된 불평등 양상의 불일치에 대해서 다시 살펴볼 것이다. 이 불일치들은 우리에게 가르쳐준다. 경제적 불평등의 폭주에 절대적 결정론 따위는 없으며 그러한 결과는 주로 정치적 선택에서 비롯된다는 것을.

6 (옮긴이) 여기서 '배태embedding'는 경제와 사회가 분리되지 않음에 주목한 칼 폴라니의 용어로 '착근', '박혀 있음', '묻어들기' 등으로도 번역되기도 한다.

7 Karl Polanyi, *The Great Transformation: The Political and Economic Origins of Our Times*, 2nd paperback edn.(Beacon Press, 2001). 이러한 차이를 좀 더 깊이 논의하고 싶은 독자는 다음을 참조하라. Facundo Alvaredo, Lucas Chancel, Thomas Piketty, Emmanuel Saez & Gabriel Zucman, *Rapport sur les inégalités mondiales*(Seuil, 2018)

8 Facundo Alvaredo et al., *Rapport sur les inégalités mondiales*, op. cit.

공공자산의 위축과 민간자산의 폭발적 증가

최근 수십 년간 관찰되는 또 하나의 중요한 경제적 사실
은—자주 논외로 밀려나긴 하지만—민간자산은 폭발적으
로 늘어난 반면, 공공자산은 오히려 감소했다는 것이다. 한
나라의 부, 더 정확히는 국가의 자산(또는 '자본'이라는 단어를 써
도 좋겠다)은 비금융자산(인프라, 부동산, 광물자원)과 금융자산(주
식, 해외통화)으로 구성된다. 여기서 외국에 발행한 국채를 제
외한다. 국부國富는 그 정의상 민간자산과 공공자산으로 구성
된다. 이것을 국민소득과의 비교로 표현할 수 있다(그림 5). 영
국은 1970년에 국민소득의 300퍼센트에 해당하는 민간자산
을 가지고 있었다. 영국인들은 아무 일을 하지 않아도 자산을
팔면 3년은 예전과 동일한 생활 수준을 누리며 살 수 있었다
는 뜻이다. 3년 후에는 더 이상 팔 자산이 없으니 다시 일해
서 돈을 벌어야만 할 테지만 말이다.

　1970년대 말 부유한 국가들이 소유한 공공자산의 가치는
국민소득의 약 70퍼센트였으나 지금은 0퍼센트다. 아니, 미
국이나 영국 같은 나라는 오히려 마이너스다. 이러한 현상은
공공자산이 민간 영역으로 이전되고(공기업 민영화) 국가부채
가 늘어났기 때문에 일어났다. 여기서 잠시 공공자산 마이너
스가 무엇을 의미하는지 살펴보자. (이러한 상황은 예외적인 것으

그림 5 부유한 국가에서 정부의 빈곤, 1970~2015년

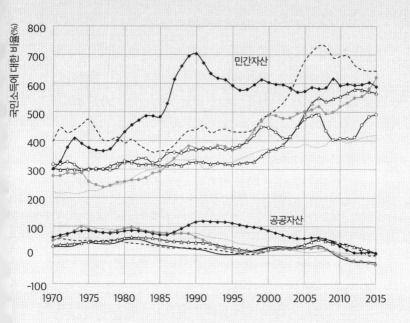

해석: 1970년에 영국의 민간자산은 국민소득의 300퍼센트였는데, 2015년에는 600퍼센트를 넘어섰다.

범례:
- 독일
- 스페인
- 프랑스
- 영국
- 일본
- 미국

출처: WID.world. 더 자세한 내용은 www.lucaschancel.info/insoutenables를 보라.

로 역사상 대개 오래가지 않았다.) 국가가 자산(병원, 도로, 학교, 유가
증권 등)을 전부 팔아서 부채를 상환하더라도 빚을 다 갚지 못
하는 상황이 이에 해당한다. 게다가 공공자산이 민영화되었
으니 이 나라의 국민들은 병원, 도로, 학교 같은 국가 인프라
의 새로운 소유주에게 요금을 내야 한다. 여러모로 바람직하
지 않은 상황이다.

반면 지난 수십 년 사이 부유한 국가에들에서 민간자산은
국민소득의 300퍼센트에서 600퍼센트로 눈에 띄게 늘어났
다. 부동산 거품 붕괴(일본과 스페인의 경우), 2008년 금융위기도
장기적으로는 민간자산의 폭발적 증가에 별다른 영향을 주
지 못한 듯하다.

공공자산의 감소와 민간자산의 폭증은 개인들 간의 불평
등이라는 면에서 중대한 결과를 가져왔다. 일단 국가의 공공
자산이 줄어들면 교육, 공공보건, 생태 전환에 투자함으로써
불평등을 완화하려는 정책을 추진하기가 어려워진다. 앞으로
세세하게 살펴보겠지만 그러한 정책이 새로운 형태의 불평
등을 예방하는 데 도움을 줄 수 있다. 다른 한편으로, 민간자
산 증가는 개인이 물려받는 세습자산의 불평등과 궤를 같이
한다. 자산은 소득보다 집중되기 쉬운데, 소득이 오르는 속도
보다 부가 축적되는 속도가 더 빠르기 때문이다.

소득불평등보다 더 심각한 세습자산 불평등

소득불평등 증가와 더불어 국부에서 민간자산이 차지하는 비중이 증가함에 따라, 1980년대부터 전 세계에서 세습자산 불평등은 역사적으로 증가했다(그림 6). 그러나 여기서도 증가 속도는 국가마다 달랐다. 20세기 초에 미국의 최상위 1퍼센트의 자산은 미국 전체 자산의 45~50퍼센트에 달했지만 1970년대에는 25퍼센트 이하로 떨어졌다가 다시 40퍼센트를 넘었다. 프랑스와 영국에서는 20세기 초가 최대치였다. 프랑스는 60퍼센트에 근접했고, 영국은 무려 70퍼센트였다. 1930년대 루스벨트Franklin Delano Roosevelt가 추진한 뉴딜 정책의 토대에는 부분적으로 세습자산 불평등이 미국보다 훨씬 심했던 세계대전 이전 유럽 사회에 대한 거부가 있었다. 단, 그 후로 유럽과 미국은 입장이 역전되었다. 프랑스와 영국은 최상위 1퍼센트의 세습자산이 1980년대에 15퍼센트까지 떨어졌다가 20퍼센트로 상승했다. 중국은 시장경제로 전환하고 국가경제 일부가 민영화되는 과정에서 개인 간 세습자산 불평등이 급증했다. 25년 전에는 중국의 최상위 1퍼센트가 국부의 15퍼센트를 소유했지만 지금은 30퍼센트 가까이 소유하고 있다.

　세습자산에 대한 데이터는 소득에 대한 데이터만큼 풍부

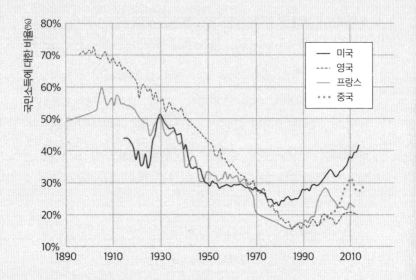

해석: 2015년 중국의 최상위 1퍼센트는 국부의 30퍼센트를 차지했다.

성인 개인의 세습자산 분포

중국, 미국, 프랑스의 경우 부부의 세습자산은 배우자와 균등하게 나눈 몫으로 고려함.

출처: WID.world. 더 자세한 내용은 www.lucaschancel.info/insoutenables를 보라.

하지 않다. 개발도상국과 신흥국의 경우는 더욱더 그렇다. 그
러나 기존의 다양한 자료 출처는 전부 불평등이 최근에 증가
했음을 가리키고 있다.[9] 이렇듯 21세기는 소득으로 보나 세
습자산으로 보나 19세기에나 볼 수 있던 극단적 불평등으로
돌아가는 추세에 있거나, (미국에서의 소득 집중을 봐서는) 이미
그 상태로 가 있다. 불평등이 이렇게 역사적으로 다시 증가하
게 된 원인은 무엇일까?

기술혁신 탓인가?

우리는 경제적 불평등의 원인을 세세하게 분석하지 않을 것
이다.[10] 여기서는 단지 논의를 명확히 하고 조직적으로 제시
하기 위해 주요한 논점을 소개하는 정도에 그친다. 이 책을

9 특히 다음을 참조하라. Markus Stierli, Anthony Shorrocks, James B. Davies et al.,
   "Global wealth report 2014", Crédit suisse(2014).

10 좀 더 깊이 있는 분석을 원하는 독자는 다음을 참조하라. Thomas Piketty, *Le
   Capital au XXIe siècle*, op. cit. ; Anthony B. Atkinson, *Inequality*(Harvard University
   Press, 2015) ; Branko Milanovic, *Global Inequality. A new approach for the age of
   globalization*(Harvard University Press, 2016).

계속 읽어나가려면 불평등의 요인, 그리고 제시할 수 있는 대
안을 잘 이해할 필요가 있다.

　일부 경제학자들은 노동소득 불평등이 기술 변화와 교육
의 속도 경쟁에서 빚어진 결과라고 주장한다.[11] 지난 30년간
세상을 완전히 바꿔놓은 기술혁신은 개인들에게 더 높은 교
육 수준을 요구했다. 저학력 노동자의 교육 수준이 딱히 높아
지지 않은 상황에서 고학력자에 대한 수요는 많고 공급은 제
한되어 있다 보니 고학력자 소득은 크게 증가했다. 고학력자
들이 다른 사람들보다 기술혁명에 따른 생산성 증가의 혜택
을 많이 받았다는 얘기다.[12]

　이러한 설명은 사회의 특징적 불평등을 이해하기 위해서
는 과학기술적 맥락과 개인의 자격 수준이 중요하다고 짚어
준다는 장점이 있다. 실업자 교육 미비와 수많은 청소년의 학
업 중단이 미국이나 유럽 여러 나라에서 나타나는 소득불평
등을 심화하는 것도 사실이다. 하지만 그러한 설명은 최근 사
회 계층 사다리의 정상부에서 일어나는 불평등의 양상이나

11　특히 다음을 보라. Claudia Goldin & Lawrence Katz, *The Race between Technology and Education*(Harvard University Press, 2009)

12　이 문제들에 대한 우리의 논의를 좀 더 소개한 다음을 보라. Facundo Alvaredo et al., *Rapport sur les inégalités mondiales*, op cit.

국가들 사이의 불일치를 이해하고자 할 때 한계를 드러낸다.

일단 부유한 나라들은 거의 다 지난 30년 사이에 새로운 기술의 침투를 경험했지만 각국에서 소득불평등은 자못 다른 양상으로 진행되었다. 다른 한편으로, 상위 10퍼센트에 속하는 개인들의 학력이나 자격 수준은 대단히 비슷하지만 그들의 소득액 추이는 매우 상이했다. 실제로 최상위 1퍼센트의 소득액 증가 양상은 바로 다음 9퍼센트와의 학력 및 자격 차이로 설명될 수 없다.[13]

교육 평등에 대한 투자가, 특히 사회 계층 사다리의 하단에서, 경제적 불평등 감소의 핵심 열쇠 중 하나가 아니라는 말이 아니다. 오히려 그 반대다. 기술을 배우고 따라잡지 못하더라도 기술혁신이 장차 불평등의 확대에 중대한 영향을 미치지 않는다는 말도 아니다. 기술은 실제로 불평등의 잠재 요소다. 그렇지만 최근 20~30년간, 1980년대 이후로 일부 국가의 피라미드 상부에서 폭발한 불평등은 기술혁신과 교육 경쟁만으로 설명되지 않는다.

미국의 경제학자 N. 그레고리 맨큐N. Gregory Mankiw는 논란이

---

13 Thomas Piketty, *Le Capital au XXIe siècle*, op. cit.

되었던 「1퍼센트를 옹호함Defending the one percent」이라는 논문에서 더 나아간다.[14] 맨큐는 최상위층이 교육만 잘 받은 것이 아니라 타고난 재능이 다른 사람들보다 뛰어나다고 주장한다. 하지만 그렇다면 지난 30년간 일부 국가에서만 불평등이 유독 증가하고 다른 국가들에서는 그렇지 않았다는 사실을 어떻게 설명할까? 최상위층의 "타고난" 재능은 영미권에서만 증폭되고 다른 지역에서는 그러지 못하나? 독일 굴지의 기업 대표들은 미국의 기업 대표들에 비해 연봉이 절반밖에 되지 않지만[15] 회사 실적을 보면 그들이 미국 기업 대표들보다 재주가 변변치 않다는 말은 절대로 할 수 없다. 재능의 차이라는 논거는 불평등의 역학이 어떻게 작동하는지 설명한다기보다, 그저 현 상태를 정당화하는 구실처럼 보인다.

---

14 N. Gregory Mankiw, "Defending the one percent", *The Journal of Economic Perspectives*, no. 27-3(2013).

15 "Global CEO Pay Index", Bloomberg(2017) ; Thomas Piketty, Emmanuel Saez & Stefanie Stantcheva, "Optimal taxation of top labor incomes. A tale of three elasticities", *American Economic Journal: Economic Policy*, no. 6-1(2014)도 참조하라.

무역 세계화의 영향인가?

곧잘 등장하는 또 다른 설명은, 무역 세계화의 효과가 불평등을 증가시켰다는 주장이다.[16] 1947년 관세 및 무역에 관한 일반 협정General Agreement on Tariffs and Trade(GATT)을 통해 무역의 문은 세계로 열렸고 1990년대부터는 세계무역기구(WTO)World Trade Organization의 틀 안에서 선진국의 저숙련 노동자들은 신흥국 및 개발도상국의 노동자들과 경쟁하게 되었다.

사실 선진국에서의 불평등 증가는 이미 70년 전, 스톨퍼-새뮤얼슨 정리에 의해 예견되고 설명되었다. 국제무역 이론에서 중요하게 손꼽히는 이 정리에 따르면, 무역 개방으로 남반구에서는 비숙련 노동자에 대한 수요가 높아지지만(남반구에는 그러한 노동력이 풍부하다고 간주된다) 북반구에서는 상대적으로 지식 및 기술 노동자에 대한 수요가 높아진다. 이 때문에 선진국에서는 불평등이 심해지지만 빈곤국에서는 오히려 완화된다는 것이다.[17]

---

16 Paul R. Krugman, "Trade and wages, reconsidered", *Brookings Papers on Economic Activity*(2008).

17 그렇지만 빈곤국 중에서도 무역 개방 이후 불평등이 더욱 두드러진 예(아르헨티나, 칠레, 인도, 중국 등)가 적지 않았음을 기억하자.

이후 스톨퍼-새뮤얼슨 모형이 어째서 현실에 들어맞지 않는지를 설명하는 국제무역 연구들이 다수 나왔다. 무역은 숙련노동자가 풍부한 북반구와 비숙련 노동자가 풍부한 남반구 사이에서 이루어진 것이 아니라, 북반구 국가들 사이에서 이루어졌던 것이다. 게다가 경제학자 대부분은 오랫동안 스톨퍼-새뮤얼슨 모형으로 예견된 무역의 부정적 효과가 선진국에서는 거의 없거나 미미하다고 주장했다. 무역 개방으로 빈곤층도 상품을 싸게 살 수 있게 되어 구매력이 높아지기 때문이다.

그러다가 폴 크루그먼Paul Krugman이 1994년에 국제무역에 관한 주요 저서[18]를 발표하고서 거의 15년 만에, 기존의 작업에서 고려하지 못한 요소들이 있다는 이유로 입장을 완전히 바꾸었다. 아이러니하게도, 그에게는 노벨상을 안겨주었던 작업인데 말이다. 폴 크루그먼은 그 저작을 불평등의 확대에 대한 새로운 데이터에 비추어 재해석해야 한다고 주장했다.[19] 1990년대 이후 신흥국에서 생산한 재화가 일상 깊숙이 파고

---

18 Paul R. Krugman, *Rethinking International Trade*(MIT press, 1994).

19 짚고 넘어가야 할 것은, 폴 크루그먼은 무역이 불평등에 미치는 이론적 효과를 결코 간과하지 않았지만 1990년대에 그가 활용할 수 있었던 데이터는 무역이 불평등에 미치는 효과라는 연구 방향과 잘 맞지 않았다는 사실이다.

들었기 때문에 무역의 세계화는 선진국에서 불평등 증가를 설명하기에 딱 좋은 후보감이었다. 그렇지만 신기술에 대해서도 그랬듯이 부유한 나라들은 거의 비슷한 속도와 비중으로 국제무역을 개방했다. 그런데 이 나라들에서 불평등이 전개되는 양상은 비슷하지 않았다. 중국산 제품의 점유율은 유럽연합 회원국이나 미국이나 그리 다르지 않았지만, 이 두 지역에서 불평등 수준이 뿌리내리는 과정은 근본적으로 달랐다. 요컨대 무역 세계화는 불평등이 전반적으로 증가하는 경향을 저임금 노동자들의 국제적 경쟁이라는 요소로 일부분 설명하지만 국가 간의 상당한 격차까지 설명하지는 못한다.

금융 세계화의 영향인가?

세계화의 또 다른 창, 즉 금융 흐름의 세계화는 소득 분포 최상단에서 증가한 불평등을 비교적 설득력 있게 설명할 수 있다. 금융시장 개방은 다양한 효과를 낳을 수 있다. 일단 금융 자유화는 그로써 실현되는 규모의 경제에 힘입어 몸집과 수익을 불린다(사업의 규모가 커지면 이런저런 거래비용이 사라지고, 투입한 자본에서 얻는 수익이 늘어난다). 이러한 성과는 임금과 다양한 혜택(스톡옵션 등)의 형태로 금융권에 종사하는 소수에게 재분배되고, 그러다 보니 터무니없는 고액 연봉도 존재한다.[20] 다른 한편으로 금융 자유화는 세습자산의 수익을 증대했다. 우리 모두 경험적으로 알다시피, 물려받은 재산이 많을수록 수익을 높이기노 수월한 현상이 30여 년 전부터 심화되었다. 자본의 집중과 거기서 비롯되는 소득의 눈덩이 효과가 발생하는 것이다.[21]

스웨덴 경제학자 율리아 탄달Julia Tanndal과 다니엘 발덴스트룀Daniel Waldenström이 최근에 실시한 연구[22]는 일본과 영국 상위층에서 불평등 증가와 금융 규제의 관련성을 명확하게 보여주었다. 일본과 영국에서는 금융 규제가 있다가 없다가 불규칙적이었기 때문에 규제가 지속된 나라에 비해 그 효과를 파악하기가 용이했다(규제가 지속될 때는 다른 요인들도 함께 진행 중이기 때문에 오직 규제에서만 비롯된 효과를 잡아내기가 곤란하다). 이

20 Thomas Philippon & Ariell Reshef, "Wages and human capital in the US financial industry: 1909-2006", National Bureau of Economic Research(2009).

21 Thomas Piketty, *Le Capital au XXIe siècle*, op. cit.

22 Julia Tanndal & Daniel Waldenström, "Does financial deregulation boost top incomes? Evidence from the Big Bang", Centre for Economic Policy Research(2016).

연구는 금융 자유화가 이후 10년간 최상위 1퍼센트 소득의 15퍼센트 증가를 설명할 수 있다고 보았다. 이 수치는 결코 무시할 만하지 않지만 이 설명이 완전히 만족스럽지는 않다. 연구자들이 금융 자유화가 일어나지 않았더라도 최상위 1퍼센트의 부는 45퍼센트 증가했을 것이라고 추산했으니 말이다. 요컨대 다른 강력한 힘들이 작용하는 것이 분명하다.

이 다른 힘들을 파헤치기 전에 금융 자유화의 기원에 대한 흥미로운 해석, 적어도 놀라운 해석을 여기서 짚고 넘어가겠다. 금융 자유화에 대한 워싱턴 합의[23]는 그 명칭이 무색하게도, 프랑수아 미테랑François Mitterrand 대통령이 좌파 정부를 이끌던 당시의 프랑스 파리에서 탄생했다고 한다. 하버드 대학교 소속 사회학자 라위 압델랄Rawi Abdelal은 미테랑 대통령의 경제 자문들이 자본 흐름의 자유화를 처음 생각했을 때는 세습 중간계급의 출현을 촉진하려는 목적이 있었다고 주장한다.[24] 그런데 우리가 앞에서 보았듯이, 지난 30년간 금융자산

---

23 1980년대 초에 미 대통령 로널드 레이건Ronald Reagan과 영국 총리 마거릿 대처 Margaret Thatcher 사이에서 이루어진 이 이념적 합의는 상품과 자본 시장을 자유화하고 경제에서 국가의 역할을 축소하는 일련의 조치로 변했다.

24 Rawi Abdelal, *Capital Rules. The construction of global finance*(Harvard University Press, 2007).

의 성장은 대체로 피라미드 상부에 유리하게 작용했다. 그리고 유럽에서는 유가증권보다 부동산(주택)이 중산층에게 유리하게 작용해 상위층에 비해서 자산이 너무 추락하지 않게끔 잡아주었다. 사실 상위층과 달리 중산층은 세습자산이 주로 부동산이다. 그러므로 영국과 프랑스의 부동산 가격 상승은 중산층에게 이익이 되었다. 반대로 이러한 역학이 세습자산을 거의 가지고 있지 않은 서민층에게는 불리하게 작용했다. 요컨대 금융 자유화에 부여된 목표가 무엇이었든 간에, 그러한 흐름은 국가 내 불평등을 감소시키기는커녕 악화하는 쪽으로 작용했다.

사회국가의 쇠퇴 때문인가?

지난 30년간 사회국가(부를 좀 더 공평하게 분배하는 공공서비스, 노동자 보호, 조세 정책 등)의 쇠퇴는 소득과 부의 불평등 증가를 설명하는 결정적 요인이다.

여기서 선분배predistribution 메커니즘과 재분배redistribution 메커니즘은 구분해야 한다. 선분배는 최저임금제처럼 시장에서 야기되는 불평등을 완화하고자 한다. 반면 재분배는 경제 시장에서 불공평하게 분배된 것을 바로잡는 것이다.[25] 불평등이 증가하는 곳에서 선분배는 힘이 빠진다. 미국의 연방 최저임금은 시사하는 바가 많다. 연방 최저임금은 1968년에 최고치를 찍었는데(현재 달러 가치로 환산하면 시급 11.80달러) 현재의 최저임금(시간당 7.25달러)보다 60퍼센트 높은 수준이었다![26] 이러한 상황은 여러 요인으로 설명되지만 특히 사용자단체에 대한 노동조합의 힘이 약해진 것이 주요한 원인이다. 한편 부유한 나라 중에서 상대적으로 불평등이 덜한 프랑스의 최저 시급은 인플레이션을 고려해 환산하면 1968년 2.50유로에서 2018년 9.90유로로 크게 올랐다. 독일과 영국에서도 최저임금은 미국과는 반대로 꾸준히 인상되었다.

IMF의 연구자 플로랑스 조모트Florence Jaumotte와 카롤리나 오소리오 뷔트런Carolina Osorio-Buitron은 1980년 이후 선진국 20개국의 노동조합 가입률과 불평등의 확대를 연구하고 확

---

25 다음을 참조하라. Jacob S. Hacker, *The Institutional Foundations of Middle Class Democracy*(Policy Network, 2011)

26 버락 오바마Barack Obama의 연방정부 계약직 최저임금 개혁은 칭찬할 만하지만 이 개혁은 1968년의 최저임금 수준으로 돌려놓는 것에 불과할 뿐 아니라 모든 노동계약에 적용되지도 않았다. 민주당은 2020년까지 모든 노동계약의 최저 시급을 7.3달러에서 12달러로 인상한다는 법안을 상원에 상정했으나 채택되지 않았다.

인된 사실을 일반화했다.[27] 이 연구에 따르면 노동조합 가입률
감소로 상위층 10퍼센트의 소득 증가를 40퍼센트는 설명할
수 있다. 또한 노동조합 쇠퇴는 재분배 위축과 관련이 있다.

　재분배 메커니즘(세금, 사회적 현물이전 등)은 실질적 역할을
한다. 1990년대에 그러한 메커니즘은 OECD 가입국들에서
불평등을 절반으로 떨어뜨렸다. 지금은 그 비율이 평균 30퍼
센트밖에 안 된다.[28] 달리 말하자면, 재분배 수준이 30년 전과
같고 다른 모든 요소가 동일하다고 할 때 예측되는 불평등보
다 현재의 불평등이 40퍼센트나 더 크다.

　재분배 메커니즘 안에서도 사회적 이전(혹은 혜택)과 과세
는 구분해야 한다. 전자는 정부가 개인 혹은 가계에 현금(예컨
대 주거보조금)이나 현물(예컨대 무료 교통카드)을 지급하는 것이
다. 후자는 누진세 혹은 역진세로 적용될 수 있다.

　오늘날에는 대부분의 선진국에서 과세보다 사회적 이전
이 가처분소득 불평등을 완화하는 데 이바지한다.[29] 그런데

27　Florence Jaumotte & Carolina Osorio-Buitron, "Inequality and labor market institutions", IMF(2015).

28　지니계수와 설문조사 데이터를 바탕으로 도출한 결론. 다음을 참조하라. "OECD Income and distribution database", OECD(2016).

29　Isabelle Joumard, Mauro Pisu & Debbie Bloch, "Tackling income inequality. The

1990년대 말에서 2000년대 말 사이에 이러한 사회적 이전의 누진성이 힘을 잃었다. 그리고 과세, 정확하게는 소득세에 대해 가장 부유한 개인들에게 적용되는 최고한계세율은 지난 30년 사이에 확실히 떨어졌다. OECD 가입국들의 경우, 평균적으로 70퍼센트에서 40퍼센트로 떨어졌다. 특히 미국은 1950~1980년 기간에 최고한계세율이 평균 80퍼센트였고 1963년에는 91퍼센트로 정점을 찍었는데 1980년 이후로 꾸준히 떨어져 2010년대 말에는 40퍼센트 수준이 되었다. 게다가 부자들이 내게 마련인 (주식배당금이나 기업 이익에 대한) 다른 세금들도 1980년대 초부터 세율이 확실히 줄었다. 배당금에 대한 세율은 75퍼센트에서 48퍼센트로 떨어졌고, OECD 가입국 내 법인세 세율은 42퍼센트에서 25퍼센트가 되었다.[30]

평균 너머에서 각 나라의 역사를 비교해보면 그러한 과세율이 가장 크게 낮아진 나라들(미국, 영국)에서 불평등이 더욱 증가했고, 과세율이 좀 덜 낮아진 나라들(독일, 프랑스)은 사정이 나았으며, 스위스처럼 1960년대 이후 최상위 1퍼센트의 비중이 계속 높았던 나라에서는 실질적 변화가 없었음을 알

role of taxes and transfers", *OECD Journal: Economic Studies*, OECD (2012).

30 "OECD Focus on top incomes", OECD (2014).

수 있다.[31]

최고한계세율과 최상위 1퍼센트가 국민소득에서 차지하는 비중 사이에는 강력한 부적 관계성negative relationship이 존재한다. 토마 피케티, 이매뉴얼 사에즈, 스테파니 스탄체바 Stefanie Stantcheva의 작업은 최고한계세율이 1퍼센트 낮아질 때 최상위 1퍼센트가 국민소득에서 차지하는 몫은 0.5퍼센트 늘어난다는 것을 보여주었다.[32] OECD도 비슷한 결론을 내렸으며 이는 [그림 7]에서도 알 수 있다.[33]

여기서 다룬 것은 세전 소득과 세율의 관계라는 것을 알아두자. 세후 소득으로 계산하면 이 관계는 자동으로 강화된다. 어차피 최고한계세율이 최상위 소득계층의 '세전' 소득에 영향을 미칠 수 없다. 피케티, 사에즈, 스탄체바는 여기서 작용하는 주요한 메커니즘이 협상이라고 지적한다. 최상위 소득층은 최고한계세율이 낮을 때 임금 협상에서 연봉을 인상하

31 Fabien Dell, Thomas Piketty & Emmanuel Saez, "Income and wealth concentration in Switzerland over the 20th century", Centre for Economic Policy Research(2005).

32 Thomas Piketty, Emmanuel Saez & Stefanie Stantcheva, "Optimal taxation of top labor incomes. A tale of three elasticities", *American Economic Journal: Economic Policy*, no. 6-1(2014).

33 "OECD Focus on top incomes", op. cit.

그림 7 최고한계세율과 소득불평등, 1975~2012년

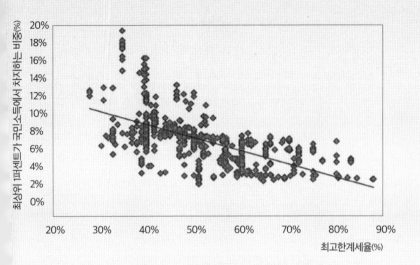

해석: 각 점은 주어진 한 시점에서 그 나라의 최고한계세율에 따라 최상위 1퍼센트가 국민소득에서 차지하는 비중을 나타낸다. 전체적으로 이 그래프는 최고한계세율이 점차 낮아지고 최상위 1퍼센트가 국민소득에서 차지하는 몫은 늘어나고 있음을 보여준다.

불평등에 대한 데이터는 WID.world
출처: OECD(2014)

려는 동기가 강화된다. 만약 이 세율이 극도로 높다면 최상위 소득층의 의욕을 떨어뜨리고 혁신 의지나 노력에 부정적 영향이 미칠 수 있고, 결과적으로 경제활동을 위축시키거나 실업을 부추길 가능성이 있다. 그러나 피케티와 공저자들은 최고한계세율이 80퍼센트까지 올라가도 아무도—부자 중에서도 손꼽히는 부자를 제외하면—손해를 보지 않는다는 것을 보여주었다.

최상위 부자들의 정치적 힘이 커져서인가?

일부 저자들은 또 다른 분석 수준에서 자본가들이 노동자들과 사회 전반에 점점 더 큰 힘을 행사하고 있다고 주장한다. 이러한 해석의 틀에서 30년 전부터 시작된 불평등 증가는 공산주의라는 반대 모델이 붕괴하고 자본주의자들이 노동자들과 맞선 싸움에서 승리하면서 최저임금 인상을 억누르는 등 사회적 권리를 약화한 결과라고 설명된다. 한때 세계 최고의 부자였던 워런 버핏Warren Buffett도 2005년 CNN에서 다음과 같이 선언함으로써 기삿거리를 제공하지 않았던가. "그래요, 계급투쟁은 존재합니다. 하지만 내가 속한 계급이 이 투쟁을 이끌어가고 승리하는 중입니다."

미국의 정치학자 마틴 길렌스Martin Gilens와 벤저민 페이지 Benjamin Page는 미국의 경제 엘리트층이 자기네 이념을 정책으로 옮기는 힘이 평균적인 시민에 비해 훨씬 강력하다는 연구를 발표해 주목받았다.[34] 이 같은 연구는 2017년 말 도널드 트럼프가 미국의 최고 부자들과 상속자들에게 유리한 조세 개혁을 투표에 부친 후로 더욱 큰 울림을 갖는다. 이 조세 개혁이 구체적으로 의미하는 바는 최근 역사에서 처음으로 미국의 억만장자가 노동계급보다 세금을 적게 내게 된다는 것이다. 길렌스와 페이지는 양적 데이터와 설문조사에 힘입어 경제 엘리트와 기업계의 이익을 대변하는 집단은 공공정책에 확실히 영향을 행사하지만 평범한 시민들의 영향은 제한적이거나 거의 없다는 것을 보여주었다. 이 연구는 우리가 앞 장에서 언급했던 쥘리아 카제의 작업과도 맞아떨어진다.[35]

이러한 정치적 해석의 틀은 앞에서 다루었던 불평등의 증가에 대한 설명들과 전혀 충돌하지 않는다. 사회국가의 쇠퇴

---

34 Martin Gilens & Benjamin I. Page, "Testing theories of american politics. Elites, interest groups, and average citizens", *Perspectives on Politics*, no. 12-3(2014).

35 Julia Cagé, *Le Prix de la démocratie*, op. cit.

라든가 무역 및 금융의 집중적 세계화는 정치적 선택에서 비롯되었고, 그 선택은 대개 자본을 가진 자들이 사회에 점점 더 정치력을 행사하게 된 결과로 설명 가능하다. 이것이야말로 불평등 증가의 원인을 살펴보면서 끌어내야 할 중요한 메시지다. 불평등은 기본적으로 우리가 저지할 수도 있었을 정치적 조정에서 비롯된다.

에너지는 어떤 역할을 했는가?

『지속 불가능한 불평등—사회정의와 환경을 위하여』라는 제목을 단 책이라면 마땅히 생태 위기, 특히 에너지가 1980년대부터 시작된 불평등 증가에 어떤 역할을 했는지 질문해야 한다. 하물며 1970년대 석유 파동과 선진국들 내에서 소득 및 세습자산 불평등이 역사적으로 반등한 시기가 겹친다는 것을 보고서 어찌 그러지 않겠는가.

첫째, 우리는 전 세계 그리고 일부 지역 내에서의 불평등 수준이 천연자원(특히 석유) 분포 및 자원의 소유권과 밀접하게 관련이 있음을 알 수 있다. 앞에서도 보았지만 탄화수소의 주요 생산지인 중동은 세계에서 가장 부유하면서도 불평등

이 극심한 지역에 해당한다. 석유라는 하늘의 선물에서 얻는
막대한 수입을 소수의 고위 공직자들이 관리하기 때문이다.

그러나 화석에너지의 가격 변동성은—말하자면, 순전히
상대적인 자원의 희소성은—앞서 기술한 경향들의 본질을
설명하지 못한다. 에너지 가격은 석유 수출국에서 기업의 생
산비용 증가, 그로 인한 임금 동결 및 노동비용 절감 정책을
통해 실업률과 불평등에 (제한적일지라도) 분명히 어떤 역할을
한다.[36] 유가 인상은 가계 예산에도 큰 부담이 될 수 있다. 로
버트 카우프먼Robert Kaufmann과 그의 동료들은 서브프라임 위
기 초기에 미국의 저소득 가계들이 부동산 대출금을 갚을지,
돈을 벌러 나가기 위해서 차에 (10년 사이에 가격이 세 배가 된) 기
름을 넣을지 선택해야 했던 상황을 보여주었다.[37] 에너지 비
용 부담이 높은 이 가계들은 가장 먼저 대출금 상환이 힘들
어진 가계들이기도 했다. 이처럼 에너지 비용은 불평등의 가
장 큰 원인은 아닐지라도 일부 국가에서 불평등 심화 경향을

---

36 Lucas Chancel & Thomas Spencer, "Greasing the wheel. Oil's role in the global
    crisis", VoxEU.org(2012).

37 Robert K. Kaufmann, Nancy Gonzalez, Thomas A. Nickerson et al., "Do household
    energy expenditures affect mortgage delinquency rates?", *Energy Economics*, no. 33-
    2(2011).

두드러지게 하는 원인이었던 게 사실이다. 이 책의 2부에서
이 관계를 좀 더 깊이 파헤쳐보기로 하자.

정치적 대응이 없으면 불평등 심화 경향은 장기화된다

경제적 불평등은 여러 원인에서 비롯되고 그중 어느 한 원인
을 따로 떼어내려는 시도는 소용이 없다. 게다가 불평등 심화
경향은 대부분의 국가에서 나타나지만, 국가별 특성이 다수
관찰된다. 그러므로 지나치게 포괄적인 설명을 경계해야 한
다. 1980년대 초에 시작된 무역 및 금융 세계화와 교육 불평
등이라는 맥락 안에서의 기술 진화는 불평등이 증가하는 경
향을 부분적으로 설명할 뿐, 국가별 차이까지 설명하지는 못
한다. 부자 감세로 인한 사회국가의 쇠퇴, 사회보호망의 수축
을 고려해야 이처럼 다양하게 나타나는 양상을 좀 더 잘 이
해할 수 있다.

그래서 어떤 저자들은 불평등 증가의 원인에 대한 논의를
세 개의 문자로 정리하기도 했다. P(정책policies), O(무역 및 금융
개방openness), T(기술technology)가 그것이다.[38] 경제학자들은 대부
분 이 세 가지 주요 요인이 결합하여 작용한다는 데 동의하

지만, 기술을 가장 우선으로 놓는 집단(TOP파)도 있고 기술보다 정책을 앞에 놓기도 한다(POT파).

문자의 배치가 중요하지 않은 것은 아니다. 불평등이 증가한 원인을 어떻게 이야기하느냐에 따라서 그에 대한 대응(조세, 교육 투자, 무역 및 금융 세계화에 대한 새로운 규제, 현 정책의 지속적인 추진 여부 등)의 우선순위가 결정되기 때문이다. 정치는 언제나 서로 다른 선택지들을 중재하는 문제다. 비록 그 선택지들의 혼합을 검토할 수 있을지라도 말이다. 앞으로 정치에서 중요하게 떠오를 관건 중 하나는 불평등의 원인과 결과에 구조적이고 신뢰할 수 있는 이야기를 부여하는 것이다.

그렇지만 '정책', '개방', '기술'을 분리해서 대립적으로 파악한다면 혼란이 빚어질 수 있다. 사실 세계에 대한 어느 한 나라의 개방도(그 개방의 방식까지도), 그 나라에서 발전한 사회적·기술적 혁신의 유형도 다 정치적 선택으로 결정된다. 경제학자 마리아나 마주카토Mariana Mazzucato는 그 점을 반박할 수 없게끔 보여주었다.[39] 불평등의 증가는 조세·사회·교육 정

---

38 특히 다음을 보라. Branko Milanovic, *Global Inequality. A new approach for the age of globalization*(Harvard University Press, 2016).

39 Mariana Mazzucato, *The Entrepreneurial State. Debunking public vs. private sectors myths*(Anthem Press, 2013).

책은 물론, 무역 및 산업 정책에 대한 선택에서 비롯된다. 불평등의 양상이 어떻게 전개될지 예측하기는 어렵지만 불평등 완화를 목표로 하는 공공정책이 없다면 어떻게 보더라도 불평등은 계속 가중될 수밖에 없다.

전 세계 차원에서 소득불평등을 좌우하는 동력은 크게 두 가지다. 첫 번째 동력은 선진국과 신흥국 사이의 불평등 감소다. 중국 중위소득 노동자의 생활 수준은 북미 중위소득 노동자의 생활 수준을 빠르게 따라잡고 있다. 세계 수준에서 개인들 간의 불평등은 줄어드는 경향이 있다. 또 다른 동력은 국가 내 불평등의 확대다. 한 나라 안에서 불평등이 심화되는 양상을 세계 인구 대부분이 겪고 있다. 최근의 한 보고서에서 나와 공저자들은 1980년대부터 두 번째 동력이 첫 번째 동력을 압도했음을 관찰했다.[40] 달리 말해보자면, 1980년대부터 신흥국이 선진국을 따라잡고 있다고는 해도 각국 내에서 불평등이 너무 심해져서 전 세계 최상위 1퍼센트가 세계 소득에서 차지하는 비중이 계속 늘고 있다는 이야기다. 우리는 또한 각국 내에서 관찰되는 불평등 양상이 계속 이런 식으로

---

40 Facundo Alvaredo et al., *Rapport sur les inégalités mondiales*, op. cit.

전개된다면 아시아, 아프리카, 라틴아메리카의 신흥국들이 대단한 경제성장을 이룩한다 해도 전 세계 차원에서 불평등이 증가하고 만다는 것을 보여주었다.

우리의 예측은 1980년 이후로 그래온 것처럼 국가 내 불평등이 계속 증가하리라는 가설에 입각한 것이다. 물론 자동으로 그렇게 되는 것은 아니고 다른 전개도 가능하다는 것 역시 밝혀두었다. 하지만 정치적 행동이 없으면 우리의 예측이 실현될 위험이 크다.

결론

우리는 1부에서 UN, IMF, OECD 같은 국제기구들에서 경제적 불평등이 사회 전체의 객관적 문제가 된다는 데 합의했음을 보았다. 그전까지는 국가 간의 평균소득 격차를 줄이거나 빈곤을 뿌리 뽑는 것만이 국제사회의 정치적 관심사였다. 그런데 UN이 채택한 SDGs(지속 가능한 개발 목표)에 불평등 감소라는 목표가 포함된 것은 패러다임의 변화가 일어나고 있다는 신호였다.

이 새로운 합의는 경제적 불평등과 지속 가능한 개발의 다

양한 차원이 어떤 관계가 있는지 파헤친 경제학, 정치학, 역
학, 생태학 연구들 덕분에 더욱 군건해졌다. 그러한 연구들은
불평등을 감소시키지 않고는 민주주의, 사회, 경제, 나아가
환경에 관한 다른 목표들도 성취하기 어렵다는 것을 보여준
다. 내부분의 국가에서 불평능이 심해지고 있으니만큼, 그러
한 결론은 더욱 불길하다.

그렇지만 전망이 완전히 어둡지만은 않다. 불평등의 심화
는 상당 부분 공공정책의 결과다. 누진세를 낮추고, 노동자
에 대한 보호와 교육을 등한시하고, 금융 규제를 풀어준 결과
말이다. 우리는 다른 정책, 더 좋은 정책으로 그에 맞설 수 있
다. 불평등의 심화는 숙명이 아니다.

우리는 경제적 불평등이 어떤 면에서 지속 불가능한 개발
의 중심에 있는지 볼 것이다. 이 탐색을 계속하기 위해서 이
제는 불평등이 불의의 또 다른 형태, 즉 환경불평등과 맺는
복잡한 관계에 관심을 두어야 한다.

2부

사회적 불평등과 환경불평등의 악순환

3장

환경자원에 대한
접근의 불평등

우리가 현재 겪는 환경위기(기후 온난화, 생물다양성 파괴, 해양오염 등)는 후세에게 저지르는 불의로 곧잘 제시되었다. 현재의 인간들이 미래의 인간들에게 암울한 생활 조건을 만들고 있다는 식으로 말이다. 그러한 시각도 부분적으로 옳다. 특히 기후 면에서 수십 년에 걸친 이산화탄소 배출은 대기의 온도를 높이고 생태계에 돌이킬 수 없는 결과를 초래한다. 그렇지만 그러한 생각은 문제의 일부를 누락하고 있다.

일단 모든 사람이 천연자원에 공평하게 접근할 수 있는 것도 아니고, 환경 파괴 앞에서 동등하지도 않다. 재해가 모두에게 동일한 정도의 피해를 입히진 않는다. 어떤 사람은 재해로부터 자기를 지킬 수단을 더 많이 갖추고 있기 때문이다. 그리고 한 세대 안에서도 모든 개인이 같은 수준으로 책임을 지지는 않는다. 마지막으로, 생태 위기는 '실시간'으로 빚어지고 있기 때문에 공해의 가장 큰 책임자들이 최초 피해자들과 동시대를 살고 있기도 하다.

그러므로 환경위기는 환경이 제공하는 서비스의 분배, 환경 파괴, 여기에 관여하는 책임(세대들 간에서만이 아니라 당장 동세대 안에서도)이라는 문제를 제기한다. 이 문제를 논의하기 위해서는 우선 환경불평등의 여러 형태를 구분하는 것이 도움이 되겠다.[1]

- 천연자원에 대한 접근의 불평등
- 환경 파괴의 결과에 대한 노출의 불평등
- 환경자원 파괴에 대한 책임의 불평등
- 환경보호 정책에서 비롯되는 결과에 대한 불평등
- 천연자원 관리와 관련된 의사결정에 대한 접근의 불평등

이러한 불평등은 어떻게 표출되는가? 경제와 관련된 불평등과는 어떻게 상호작용하는가? 이 장에서 우리는 자원에 대한 접근성에 관심을 두고자 한다. 그다음 장에서는 위험에 대한 노출과 책임의 차이를 다루려 한다. 그리고 마지막 두 가지 형태의 환경불평등은 3부로 넘어가 살펴볼 것이다.

---

1   Éloi Laurent, "Issues in environmental justice within the European Union", *Ecological Economics*, no. 70(11)(2011).

에너지 불평등

개발에서 에너지가 차지하는 중심 역할

에너지는 석유, 장작, 물의 흐름이나 바람, 공간 속의 열기, 햇빛 등 여러 형태를 취할 수 있는 천연자원이다. 에너지자원은 우리가 음식을 섭취하고, 이동하고, 난방하는 데 두루 쓰인다. 에너지는 인간 진보의 조건이다. 에너지를 충분히 쓸 수 있어야만 웬만큼 품위 있는 생활 수준이 가능하다. 개발도상국에서 전기를 쓴다는 것은 냉장고에 식품을 보관해 식중독 위험을 줄일 수 있고, 환한 불빛 아래서 사람들을 만나고, 밤에도 공부하거나 일할 수 있다는 뜻이다. 더욱이 (가스 같은) 현대적인 연료로 난방을 하면서부터 여성들은 땔감을 모으는 등의 잡일에서 해방되었다. 세계 곳곳에서 그런 일은 으레 여성의 몫이었기에 에너지의 충분한 사용은 젠더 불평등을 완화하는 효과도 있었다.

이 문제는 개발도상국에 국한되지 않는다. 부유한 국가에서도 에너지 사용이 여의치 않으면 건강, 취업, 사회화에 실질적 여파가 있다. 실제로 난방을 충분히 하지 못하는 사람들은 곰팡이 번식으로 인한 만성 호흡기 질환을 앓을 위험이 더 크다.[2] 게다가 휘발유는 쉽게 대체할 수 없는 소비재다. 그래서 휘발유 가격이 오르면 가계에 잠재적으로 치명적 결과를 미칠 수 있는 조정이 이루어진다. 앞에서도 언급했지만 2007년 미국에서는 돈을 벌러 일터에 나가기 위해 차에 기름을 넣을 것인가 주택대출금을 갚을 것인가를 두고 고민하는 가계가 많았다.[3] 그리고 어느 쪽을 선택하든 그 결과는 안타까운 것이었다.

이 같은 이유에서 에너지 접근성의 차이는 환경불평등을 연구하기에 적합한 시발점이 된다.

에너지 접근성의 불평등 수준

이 영역에서 규모를 제대로 이해하기 위해 수천 년 전, 이를테면 7,000년 전으로 훌쩍 거슬러 올라가자. 지구에 거하는 인간들은 아직 수렵과 채집으로 살아가고 있었다. 그들은 식

---

2   Christine Liddell & Chris Morris, "Fuel poverty and human health: a review of recent evidence", *Energy Policy*, no. 38-6(2010).

3   Robert K. Kaufmann et al., "Do household energy expenditures affect mortgage delinquency rates?", op. cit.

물과 나무 열매, 사냥으로 얻은 고기와 물고기로 매일 일정
량의 칼로리를 소모했다. 인간의 몸은 7,000년 동안 비교적
변하지 않았다. 그때나 지금이나 가벼운 신체활동을 하는 사
람은 하루 2,000킬로칼로리 정도가 필요했다.[4] 식품 포장지
에 표시된 열량을 보면 알 수 있다. 코카콜라 작은 캔 하나가
140킬로칼로리다. 그 정도면 특별히 신체활동을 하지 않는
사람이 하루에 필요로 하는 열량(약 2,000킬로칼로리)의 7퍼센
트에 해당한다. 계산은 정확하다.

　에너지양을 나타내는 다른 단위도 있다. 전기요금 고지서
에서 볼 수 있는 그 단위는 킬로와트다. 우리가 하루에 필요
로 하는 2,000킬로칼로리는 2.3킬로와트시, 대략 냉동고를
하루 돌릴 수 있는 에너지양이다. 냉동고를 하루 돌릴 수 있
는 전기를 우리의 혈관으로 주입한다고 해서 우리 몸에 에너
지가 공급되지는 않지만 말이다.

　에너지자원에 대한 접근 불평등의 문제로 돌아가자. 수렵
채집 사회에서는 거의 모든 사람이 음식물로 비슷한 양의 에

4　이것은 물론 평균치다. 수렵채집인은 깨어 있는 시간의 대부분을 야외에서 움직
　이면서 보냈기 때문에 주로 실내에 앉아서 생활하는 현대인보다 더 많은 에너지
　가 필요했다.

너지를 취했고 앞서 말한 그 2.3킬로와트시를 소비했다. 여기
에 식품을 가열하느라 땔감으로 불을 피우면서 소비하는 에
너지(한 사람당 하루 0.5킬로와트시)를 더할 수 있다. 그러니까 한
사람의 에너지소비량은 대략 3킬로와트시가 된다.

　에너지소비 불평능은 경제적 불평등과 마찬가지로 인간
사회가 정주하면서, 분업화되면서, 여러 층위로 나뉘면서 점
차 증가했다. 어떤 사람은 여전히 하루 3킬로와트시만 쓰고
산다. 가축 없이 땅을 일구어 딱 자기네가 먹고살 만큼만 농
사를 짓는 사람들은 그렇다. 가축을 부리고 농기계를 동원하
거나 다른 사람의 에너지까지 투입하는 사람들은 생존에 필
요한 수준을 훨씬 넘어서는 필요를 충족할 것이다. 극단적인
예를 하나 들겠다. 고대 이집트의 파라오는 피라미드를 짓기
위해 1만여 명의 노동력과 1,000마리에 달하는 짐을 나르는
나귀를 동원했다. 그는 파라오다운 생활 방식을 유지하기 위
해서 매일 간접적으로 4만 킬로와트시를 소비한 것이다.[5]

5　노예가 주인을 위해 억지로 섭취하는 에너지를 모두 포함했다. 노예는 죽을 때까
　지 주인이 시키는 일을 해야 했으므로 이러한 계산은 정당화될 수 있다. 그렇지만
　여기서 피라미드 건설노동자들의 속박이나 예속 수준을 다루는 논의는 하지 않
　는다. 전문가들은 프톨레마이오스 왕조 이전 이집트에 노예제가 존재하지 않았
　다는 데 의견이 일치했지만, 그 시기에도 부역(대규모 관개사업이나 건설공사에

21세기로 돌아오자. 에너지로 따졌을 때, 누가 무엇을 소비하는가? 오늘날 각 사람의 에너지소비를 전부 고려하려면, 먹고 난방하고 이동하는 데 쓰는 에너지뿐만 아니라 주택을 건설하고 개인용 컴퓨터를 작동시키고 영화관에서 영화를 틀고 병원 대기실을 난방하는 에너지까지 계산에 넣어야 한다. 이렇게 후자의 방식으로 소비되는 에너지를 간접 에너지(회색 에너지)라고 부른다. 계산이 복잡해지는 이유는, 때때로 이러한 간접 소비가 외국에서 발생하기 때문이다. 예를 들어 우리가 사용하는 스마트폰은 외국에서 제조된 것일 수 있다. 그렇게 소비되는 에너지도 포함해서 계산해야 한다. 쉬운 일은 아니지만 엄격한 재구성을 거치면 가능하기는 하다.[6] 국제무역에 대한 데이터(어느 분야가 다른 분야·다른 나라에서 무엇을 사들이는가?)와 다양한 절차에서 개인들이 사용하는 에너지에 대한 정보를 비교 분석해보아야 한다.

동원되는 경우)이나 강제 노역(관습법에 의해 형을 선고받은 죄수들의 경우)은 분명히 있었다. 우리는 나귀가 하루에 10킬로와트시를 소비하는 것으로 계산했고 다른 에너지원은 고려하지 않았다. 여기에는 계산을 단순화하려는 목적도 있지만, 그래도 합리적인 규모를 확인할 수 있었다.

6 Glen P. Peters & Edgar G. Hertwich, "CO_2 embodied in international trade with implications for global climate policy", *Environmental Science & Technology*, no. 42–5(2008).

결과는 이렇다. 북미 인구는 하루에 1인당 300킬로와트시를 소비한다. 7,000년 전의 수렵채집인보다 100배 많고, 기원전 3000년의 이집트 파라오에 비하면 100분의 1 수준이다. 유럽인이 사용하는 에너지는 북미인의 절반 수준이다. 가령 프랑스인 한 사람이 삶의 방식을 유지하기 위해서는 매일 150킬로와트시가 필요하다. 인도인은 평균적인 북미인이 하루에 사용하는 에너지의 20분의 1, 대략 13킬로와트시만 쓰고 산다. 하지만 이러한 평균값은 개인들 간의 극심한 격차를 감추고 있다. 현재 개인의 직·간접 에너지소비를 장기간 추적한 국가별 데이터로서 동질성을 갖춘 것은 거의 없지만 연구는 빠르게 진척되고 있다. 내 경우에도 프라보드 푸루쇼타맹Prabodh Pourouchottamin, 카린 바르비에Carine Barbier, 미셸 콜롱비에Michel Colombier와 함께 연구를 개진한 바 있다(그림 8).[7] 소득 하위 10퍼센트 집단에 속한 프랑스인은 매일 약 70킬로와트시의 에너지를 소비한다. 반면에 소득 상위 10퍼센트 집단에 속한 사람은 매일 260킬로와트시 이상을 쓴다. 이 수치는 평균치보다 70퍼센트 높고 하위 10퍼센트의 에너지소비와 비

7 Prabodh Pourouchottamin, Carine Barbier, Lucas Chancel et al., "New representations of energy consumption", Cahiers du Clip(2013)

그림 8 프랑스의 에너지소비 불평등, 2004년

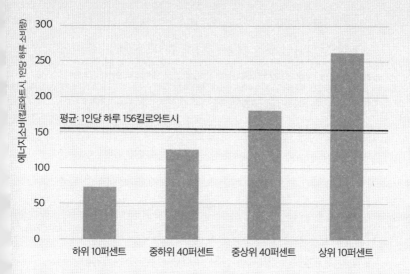

해석: 프랑스에서 소득 하위 10퍼센트 집단은 1인당 하루 70킬로와트시의 에너지를 소비한다.

출처: 푸루쇼타맹 팀 연구에 기초한 필자의 계산, Prabodh Pourouchottamin, Carine Barbier, Lucas Chancel et al.,(2013). 더 자세한 내용은 www.lucaschancel.info/insoutenables를 보라.

교하면 3.6배나 된다.

   에너지소비와 소득의 관계는 다시 한번 살펴보겠지만 일단 지금은 소득이 전체 에너지소비를 결정하는 요소라는 점만 기억하자. 언뜻 보기에는 에너지소비보다 소득이라는 면에서 부자와 빈자의 격차가 더 크게 눈에 들어올 것이다. 왜 그럴까? 일단 에너지는 필수소비재다. 소득이 낮은 사람도 경제적 여력과 상관없이 예산의 일정 금액을 에너지소비에 할애할 수밖에 없다. 그리고 소득이 어느 수준을 넘어서면 개인 소득이 늘수록 에너지소비도 늘어나지만 소득만큼 가파르게 상승 곡선을 그리지는 않는다. 소득 상위층은 고급 승용차를 굴리고 전용기를 띄우기 위해서만 돈을 쓰지 않는다. 그들은 예술품처럼 에너지소비와 크게 상관이 없는 상품이나 서비스도 구매한다. 그래서 에너지소비 불평등은 소득불평등처럼 두드러져 보이지 않는다. 프랑스의 경우 상위 10퍼센트의 소득이 국민소득의 34퍼센트를 차지하는데 이 집단의 에너지소비는 전체 에너지소비의 17퍼센트에 해당한다.

   이 결과를 인도의 경우(그림 9)와 비교해보자.[8] 앞에서 언급

---

8   Narasimha D. Rao & Jihoon Min, "Estimating uncertainty in household energy footprints", IAASA(2017).

했듯이 인도의 에너지소비 수준은 미국이나 프랑스에 비해 현저히 낮다. 사회 계층 사다리 하단부 10퍼센트(약 1억 2,000만 명)는 1인당 하루 6킬로와트시만으로 살아간다. 7,000년 전의 수렵채집인보다 고작 3킬로와트시를 더 쓰는 셈이다. 에너지소비량은 그들이 처한 극단적 빈곤을 가늠하는 또 하나의 방법인 셈이다. 한편 인도의 소득 상위 10퍼센트는 1인당 하루에 32킬로와트시를 소비한다.

선진국에서 집계된 에너지소비량 수치를 놓고 보면 인도는 상위 10퍼센트도 에너지를 많이 쓰지 않는다고 놀랄지 모르겠다. 사실 그렇다고 해서 인도에는 서구 국가의 상위층만큼 에너지를 많이 소비하는 부자가 없다는 뜻은 아니다. 이 상위 10퍼센트 중에서도 최상부를 주목한다면(이를테면 최상위 1퍼센트, 혹은 그 이상으로 좁혀 들어가면) 미국이나 유럽 부자 못지않은 소비 수준을 확인할 수 있다. 하지만 인도라는 대국의 인구(13억 이상)를 감안하면 대다수는 에너지소비 수준이 낮은 편이고 서구와 같은 생활 방식으로 에너지를 소비하는 사람은 얼마 되지 않는다.

그림 9 인도의 에너지소비 불평등, 2011년

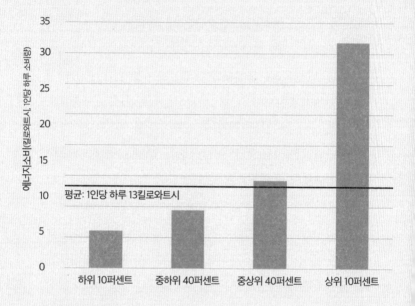

해석: 인도에서 소득 하위 10퍼센트 집단은 1인당 하루 6킬로와트시의 에너지를 소비한다.

출처: Narasimha D. Rao & Jihoon Min(2017). 더 자세한 내용은 www.lucaschancel.info/insoutenables를 보라.

식수 접근성, 21세기의 불평등

에너지뿐만 아니라 다양한 환경자원에 대한 접근성도 사회 경제적 계층에 따른 기울기가 뚜렷하게 나타난다. 디스토피아 모험영화 〈매드맥스: 분노의 도로〉(2015)에서 등장인물들이 파란만장한 싸움에 뛰어드는 이유는 석유를 얻기 위해서, 그리고 극도로 희박해진 물을 얻기 위해서다. 물이 풍부한 지역을 소유한 횡포한 독재자는 수문을 통제함으로써 그곳에 사는 사람들을 휘어잡는다. 우스꽝스럽게 과장된 면이 있을지언정 이 우화는 21세기의 가장 중대한 문제, 즉 식수 접근성과 그로 인한 불평등과 무관하지 않다.

WHO에 따르면 성인에게는 음용, 음식 조리, 위생 관리 용도로 매일 20리터의 물이 필요하다. 기본적 욕구를 충족하기 위한 최소치(청소, 설거지나 세탁에 필요한 물)를 추가하면 70리터쯤 될 것이다. 그리고 여가에 사용하는 물(정원 관리, 입욕과 욕조 청소에 쓰는 물)까지 추가하면 하루에 한 사람이 필요로 하는 물은 200리터가 넘는다.

에너지소비도 그렇지만 특히 물 소비에서, 앞에서 설명한 직접 소비는 간접 소비에 비하면 빙산의 일각이다. 다시 말해, 우리가 소비하는 재화와 서비스에 이미 물이 많이 쓰인다는 얘기다. 이러한 간접 소비는 직접 소비의 30배나 되는 것으로 추산된다(에너지의 경우는 간접 소비가 직접 소비의 4배 수준이다).

물의 간접 소비가 가장 크게 일어나는 부분은 식품 생산이다. 밀 1킬로그램을 생산하려면 1,200리터의 물이, 쇠고기 1킬로그램을 생산하려면 1만 3,000리터의 물이 필요하다! 그러므로 생활 수준의 차이, 섭생 방식의 차이가 국가 간 물 소비 불평등에 크게 작용한다. 북미인은 평균적으로 하루 7,000리터의 물을 소비한다. 영국인은 3,400리터, 남아프리카공화국 사람은 2,600리터, 중국인은 1,900리터를 소비한다.[9]

전 지구 차원에서는 인류의 필요를 충족하기에 충분한 양의 담수가 존재한다. 하지만 식수 자원의 근본적 문제는 분포가 고르지 않다는 것이다. 그래서 세계 인구의 3분의 2는 적어도 연중 한 달은 물 부족에 시달린다. 이러한 물 부족은 모든 대륙에서, 선진국과 빈곤국을 가리지 않고 일어난다. 그렇지만 물 부족의 여파는 선진국보다 빈곤국에서 더 비극적으로 나타난다.[10]

---

9 A. Y. Hoekstra & A. K. Chapagain, "Water footprints of nations: water use by people as a function of their consumption pattern", *Water Resources Management*, no. 21(2006), p. 35–48.

10 인도와 중국에서 인구 대다수는 이렇게 주기적으로 물 부족에 시달리는 지역에

이 단계에서 담수 부족과 식수 접근성 낮음을 구별해야 할 것 같다. 이 두 현상은 자주 함께 나타나지만 늘 그런 것은 아니다. 세계 여러 나라의 식수 접근성 불평등 지도는―놀랍지 않겠지만―소득불평등 지도와 비슷하다. 실제로 식수를 구하지 못하는 인구의 절반 이상은 사하라 이남 아프리카에 산다. 이 지역 국가들에서는 사회정의라는 것을 생각조차 할 수 없을 만큼 불평등이 극심하다. 도시 빈곤층은 물탱크로 조달되는 식수를 사 마실 수밖에 없는데, 빈민가에서 멀지도 않은 부촌에서 수도만 틀면 나오는 물보다 5~10배 비싸다(탄자니아의 다르에스살람 같은 곳에서는 20배나 비싸다).[11] 대안은 (감염을 자주 발생시키는) 수원水源을 믿을 수 없는 물이나 장시간 걸어가야 나오는 (믿을 수 없기는 마찬가지인) 우물물뿐이다. 이렇게 물을 길어 오는 노동은 주로 여성을 동원함으로써 그들이 다른 활동, 특히 학업에 할애할 수도 있을 시간을 앗아간다. 식수

산다. 기후변화로 빙하가 줄어들면 그 아래쪽에는 가뭄이 일어나므로 상황은 더욱 악화된다. 이러한 현상은 히말라야산맥 일대에 국한되지 않으며(안데스산맥 쪽에서도 볼 수 있다) 장차 더욱 심해질 것으로 예상된다.

11 예를 들면 다음을 참조할 수 있겠다. Kate Bayliss, "Services and supply chains: the role of the domestic private sector in water service delivery in Tanzania", Pnud(2011).

접근성 불평등은 경제적 차원의 불평등에서 나오는 동시에, 경제적 불평등을 지속시키고 강화한다. 그러한 불평등의 피해자들은 '빈곤의 덫'에 갇혀버리고 마는 것이다.

양질의 먹거리와 그렇지 못한 먹거리: 식량 불평등

물과 에너지 외에도 우리에게 일상적으로 꼭 필요한 환경자원, 다시 말해 양질의 먹거리에 대한 접근성에서도 사회적 불평등은 두드러진다. 사회 계층 사다리의 밑바닥에 있는 극빈층은 먹을 것이 충분하지 않다. 이 냉혹한 현실은 신흥국만이 아니라 선진국도 맞닥뜨린다(미국에도 끼니를 걱정해야 하는 극빈층은 300만 명이나 있다). 그렇지만 극단적 상황을 차치하고 본다면, 부유한 나라의 사람들은 대개 배고픔을 걱정하지 않는다. 그들이 섭취하는 칼로리의 양에는 의미심장한 사회적 차이가 보이지 않는다. 그렇지만 소득과 '양질의 칼로리', 다시 말해 과일, 채소, 생선처럼 건강에 이로운 먹거리 사이에는 뚜렷한 상관관계가 있다.

이 사실이 미국에서 여성 10명 중 4명이 비만인데 월 소득 890달러 이하 집단에서는 이 비율이 45퍼센트로 더 높고,

2,400달러 이상 집단에서는 30퍼센트로 떨어지는 이유를 설명해준다. 유럽은 미국만큼 비만 문제가 심각하지 않지만(빠르게 늘고 있기는 해도) 역시 소득과의 상관관계는 관찰된다. 프랑스에서 월 소득 900유로 이하 집단의 성인 비만 인구는 월 소득 5,300유로 이상 집단과 비교해 네 배 가까이 된다.[12]

이 사실을 어떻게 설명할 수 있을까? 식품 가격은 일정한 칼로리에 대해 영양의 질이 높을수록 비싸진다. 예를 들어 같은 칼로리를 고급 식료품점에서 파는 유기농 깍지콩으로 섭취한다 치면 냉동 닭고기 너깃으로 섭취할 때보다 돈이 다섯 배(혹은 그 이상) 든다. 제한된 식비 예산 때문에 식생활과 관련된 병이 생길 위험도 높다. 더욱이 양질의 먹거리는 비싸기도 하지만 저소득층이 구입하기도 어렵다. 유기농 식료품점은 주로 부촌에 몰려 있기 때문이다. 사회적 불평등과 양질의 먹거리에 대한 접근성 불평등이 악순환 관계에 있다는 점도 연구 결과로 확인되었다. 소득수준이 비만율을 설명하기도 하지만 역으로 비만율이 소득수준을 알려주기도 한다. 이 관계

---

12 "Inéalité sociales de santéen lien avec l'alimentation et l'activité physique", Inserm(2014). 아동 과체중 비율이 일정한 수준을 유지하는 이유도 사실은 소득격차 확대에 있었다. 부잣집 아이들은 점점 날씬해지고 가난한 집 아이들은 점점 살이 찌기 때문이다.

는 여러 나라에서 확인되었는데, 주요 이유는 뚱뚱한 사람들
은 취업에서 차별을 받기 때문이다.

식품 정보를 제대로 표시해 식습관을 좋은 방향으로 개선
하는 것도 물론 필요하다. 하지만 그렇게 해당 분야에 국한된
접근은 이런 유의 사회-환경불평등을 제거히기에 충분하지
않다. 건강에 이로운 먹거리 민주화는 양질의 먹거리 가격을
상대적으로 낮추고 구매 편의를 도모해야만, 그와 동시에 저
소득층 소득이 인상되어야만 가능하다.

국토 차원에서 자원 접근성의 불평등: 공유지와 맹그로브

경제사학자 칼 폴라니의 역작 『위대한 전환The Great Transformation』
에서 영국 튜더 왕조에서 일어났던 '인클로저 운동'에 대한
설명을 읽을 수 있다. 중세 영국에서 공유지는 농업에 종사
하는 노동자들과 자기 땅이 없는 농부들의 경제적 자원으로
쓰였다. 그러다가 16세기 말부터 공유지에 울타리(인클로저
enclosure)를 쳐서 자기 영역을 표시하고 사유화하는 움직임이
나타났다. 이 같은 천연자원의 대대적인 사유화로 인해 농업
노동자들은 일자리를 찾아 도시로 떠나야 했고 때때로 농촌

에서보다 더 열악한 생활 조건으로 내몰렸다. 폴라니는 이것을 자연의 상품화와 맞물린 노동 상품화의 시초라고 본다. 그래서 그가 보기에 인클로저 운동은 근대 자본주의의 탄생에 지대한 영향을 미쳤다.

자연의 상품화와 그 사회적 반향은 산업혁명 시대의 여러 나라에서 나타났다. 특히 1821년에 프로이센이 라인강 유역의 삼림을 상업적으로 사유화한 것은 젊은 카를 마르크스Karl Marx가 사유재산을 고찰하는 계기를 마련했다. 수백 년 전부터 농민들은 숲에서 잔가지를 주워서 땔감으로 썼다. 그런데 삼림 소유주들이 이익을 볼 수 있는 땔감 시장이 발달하자 그렇게 잔가지를 주워 모으는 활동이 대번에 불법으로 규정되었다. 장차 『자본론Das Kapital』의 저자가 될 청년 마르크스는 삼림 소유주들을 위해 숲의 부산물을 사유화하는 것을 엄격하게 비판하고 부자들을 위해 뒤집힌 법은 비합리적이고 부당하다고 주장했다. 마르크스는 이 주제를 그의 저작에서 심도 있게 전개하게 된다.[13]

---

13 Karl Marx, "Debates on the Law on Thefts of Wood," *Rheinische Zeitung*(October – November 1842), reprinted in Karl Marx & Friedrich Engels, *Collected Works*, 50 vols.(New York: International Publishers, 1975 – 2004), 1: 224 – 263.

프랑스는 앙시앵 레짐과 프랑스대혁명 이후 영주들과 농민공동체가 공공재를 두고 비슷한 갈등을 겪었다. 그래도 산업혁명의 여명기까지는 귀족이 아직 사유화하지 않은 땅이 있어서 땅이 없는 농민도 가축이 풀을 뜯게 할 수 있었다. 하지만 경제적 변화가 한창이던 시기, 그러한 상황은 중앙정부에게 달갑지 않았다. 필자의 고향 그르노블에서 그리 멀지 않은 프랑스 알프스 일대를 두고도 19세기 중반 정부는 공유지가 비생산적으로 사용되고 있다면서 판매를 종용했다. 지방자치회는 공유지의 사유화가 불평등에 미치는 영향을 의식하고 있었기에 오히려 공유지는 그대로 남겨서 저소득층이 (당시의 표현을 그대로 쓰자면 가장 "불행한 사람들이") 쓸 수 있게 해야 한다고 했다. 그렇지만 지방자치회는 결국 국가의 압박을 이기지 못하고 공유지를 판매했고 빈농들은 막막한 처지에 놓였다. 이와 비슷한 사유화가 프랑스 곳곳에서 일어났다.

안타깝게도 오늘날의 세계에서도 인클로저 운동의 비극에 필적할 만한 사례를 얼마든지 찾아볼 수 있다. 맹그로브 숲, 갯벌에 발달하는 이 풍요로운 생태계의 경우가 그렇다. 중앙아메리카나 동남아시아에서 토지 사유화 정책으로 인해 기업적 새우 양식장으로 변해버린 맹그로브 숲이 한두 군데가 아니다. 그러한 변화는 양식장이 생기면 일자리가 창출되고 지역 경제발전에 도움이 된다는 논리를 앞세운다. 그렇지만 수많은 연구, 특히 이러한 정책이 에콰도르, 스리랑카, 인도네시아, 말레이시아에서 개인들과 인근 지역에 미치는 영향을 분석한 경제학자 후안 마르티네스알리에르Joan Martinez-Alier 의 작업[14]은 천연자원에 의존해서 살아온 공동체 전체가 새우 양식장 건설 이후 연안 지역에서 퇴거할 수밖에 없었음을 보여주었다. 그러한 공동체들은 경제적, 사회적, 문화적 자원을 박탈당했다.

사실 새우 양식장의 경제적 성과는 주로 양식업자들의 주머니로 들어갔다. 환경을 파괴하면서 번성한 이 경제활동은 (항생제 사용으로 인한) 오염을 일으키고 지역 자원을 고갈시킨다. 주요 소비국들에서 환경운동가들의 압박으로 환경적으로 책임 있는 수산 양식업의 기준을 지키는 생산업자들을 라벨로 표시하고는 있지만, 오염을 일으키는 양식 관행을 저지하기에는 역부족이다.

이런 유의 갈등은 특정 생태계가 제공하는 서비스(섭생, 건강, 연안 지역 침수 방지 등)와 그 대안이 제공할 수 있는 서비스

---

14 Juan Martínez-Alier, *The Environmentalism of the Poor: A Study of Ecological Conflicts and Valuation*(Edward Elgar, 2002).

를 평가하는 측정 기준의 문제를 제기한다. 새우 양식업으로 얻을 수 있는 이익이 과연 맹그로브 숲 파괴로 인한 손실을 상쇄하고도 남는가? 이 손실을 제대로 측정하려면 맹그로브 숲의 혜택을 화폐가치로 환산해야 하는가, 아니면 다른 유형의 지표를 동원해야 하는가?

서로 다른 선택지(맹그로브 숲 유지 대 새우 양식업)의 평가 방법을 어떻게 선택하느냐가 이러한 갈등에서는 무엇보다 중요하다. 이런 유의 환경 관련 쟁점을 세계 곳곳에서 찾아볼 수 있다. 가령 인도에서는 타밀나두 핵발전소 건설이 그에 해당하고, 프랑스에서는 노트르담데랑드 공항, 시방스 댐, 트리앙글 드 고네스(유로파 시티) 건설 계획이 그러했다. 북미에서는 키스톤 XL 송유관 건설 계획을 둘러싸고 찬반양론이 치열했다. 찬성 입장은 고용 창출과 경제성장의 이익을 양적으로 환산한다. 반대 입장은 건강, 생물다양성 및 기후 보호, 더 넓게는 안녕감 차원에서의 손실을 따진다.

이 책 3부에서 다시 짚어보겠지만 환경이 제공하는 서비스의 비용과 이익을 측량하는 것은 결코 중립적이지 않은 정치적 행위다. 공적 토론에서 특정 측정 체계를 받아들이게 할 수 있는 행위주체는 그 토론에서 승리할 확률이 높다.

4장

환경 위험에 대한
노출의 불평등

환경과 관련된 위험(가뭄) 혹은 환경의 질적 저하(도시 오염)에 대한 노출의 불평등은 환경자원에 대한 접근 불평등의 이면이다. 물론 접근과 노출의 불평등은 궤를 같이한다. 앞에서 기술한 맹그로브 숲 파괴에서는 자원의 사유화와 토양오염이 함께 일어났다. 하지만 접근 불평등과 노출 불평등은 서로 다른 메커니즘에 해당하므로 둘을 따로 다루는 것이 유익하다. 각각의 메커니즘은 무엇인가?

두 가지 요인이 환경의 위험에 대한 노출 격차를 설명해준다. 사회적 형편이 열악한 집단이 일반적으로 환경 위험에 더 많이 노출될 뿐 아니라(산업공해 지대 가까이 살거나 침수 지역에 산다) 더 취약하다.[1] 환경 재해의 경우, 경제적 취약층은 그러한 재해에 맞설 만한 물질적 여력이 없다. 건강 문제를 일으키는 공해의 경우도, 검진과 치료를 받을 확률이 대체로 낮다.[2] 앞으로 보겠지만 이 두 가지 요인은 상호작용하고 축적되기 때문에 사회경제적 불평등은 더욱 강화된다.

1   Stéphane Hallegatte, Mook Bangalore, Laura Bonzanigo et al, "Shock waves. Managing the impacts of climate change on poverty", *Climate Change and Development Series*, World Bank Group(2015).

2   Richard Wilkinson & Michael Marmot, *Social Determinants of Health*, op. cit.

사회·환경적 건강 불평등

만성 질환(심혈관계 질환, 당뇨, 암 등)을 앓을 위험의 증가는 기본적으로 환경과 생활 조건의 변화에서 비롯된다. 질병을 일으킬 수 있는 비유전적 위험요인을 통칭 노출환경인자, 즉 '엑스포솜exposome'이라고 한다. 화학적·물리적·생물적 공해라든가 심리사회적psychosocial 맥락이 다 엑스포솜에 해당한다. 미국의 연구자 스티븐 래퍼포트Stephen Rappaport와 마틴 스미스Martyn Smith는 《사이언스Science》에 기고한 논문에서 만성 질환에 걸릴 위험의 70~90퍼센트는 엑스포솜 때문이라고 주장했다.[3]

미국에서의 납 중독

미국에서 환경불평등은 이따금 인종 불평등과 동일시되곤 한다. 그 이유는 아프리카계 미국인이 백인에 비해 유해 쓰레기 매립지나 공업지대 근처에 사는 경우가 많다는 것이 여러 연구로 입증되었기 때문이다.[4] 미국의 경제학자 애나 아이저

---

3   Stephen M. Rappaport & Martyn T. Smith, "Environment and disease risks", *Science*(2010).

4   "Siting of hazardous waste landfills and their correlation with racial and economic status of surrounding communities", General Accounting Office(1983) ; Seema

Anna Aizer가 이끄는 연구진은 환경의 질적 저하에 대한 노출 불평등이 주로 취약 계층의 건강을 유년기부터 상하게 하고 가난과 불평등의 악순환을 평생 끌고 간다는 것을 보여주었다.[5]

이 연구는 프랑스에서는 거의 사라졌지만 대서양 건너편에는 아직도 제법 남아 있는 납 중독을 다루었다.[6] 어린이의 경우 납 성분이 소량만 체내에 들어가도 중독을 일으키고 신경계를 교란하기에 충분하다. 납 중독은 인지능력을 떨어뜨리기 때문에 이후 생애 내내 성취에 걸림돌이 되기 십상이다. 연구자들은 미국에서 납 성분에 대한 노출이 학업 불평등에 어떤 효과를 미치는지 측정해보고자 했다. 이 연구는 1997년부터 2010년까지 미국 로드아일랜드주에 거주하는 6만여 명의 아동을 대상으로 실시되었다. 로드아일랜드는 미국에서 비교적 평등 지수가 높은 주였는데도 흑인 아동(20점 만점에 평균 8점)은 백인 아동(20점 만점에 평균 10점)보다 성적이 떨어졌

Arora, Timothy N. Cason et al, "Do community characteristics determine environmental outcomes? Evidence from the toxics release inventory", Resources for the Future(1996).

5   Anna Aizer, Janet Curie, Peter Simon et al., "Lead exposure and racial disparities in test scores", *Brown University Working Papers*(2015).

6   현재 납 중독은 전체 아동의 0.1퍼센트 미만으로, 1990년대의 통계와 비교하면 20분의 1로 줄었다.

고, 노후 주택에 사는 까닭에 납에 노출되는 위험도 월등히 높았다(특히 1997년에는 그 차이가 60퍼센트나 되었다).

따라서 이러한 데이터는 아프리카계 미국인이 납 중독 위험에 더 많이 노출되고 학업 성과는 낮다는 것을 보여준다. 하지만 아직 이 단계에서는 납 중독이 학업 불평등의 '원인'이라고 말하기 어렵다. 별개의 요인으로도 이 두 가지 불평등은 연결될 수 있다. 가령 부모의 학력 수준이라는 요인을 보자. 학력을 높일 기회가 없었던 성인은 일반적으로 소득이 낮기 때문에 납이 많이 검출되는 노후 주택에 거주하는 비율이 높다. 게다가 이들은 자녀의 학업을 지원할 여력도 변변치 않다. 이러한 추론으로도, 다시 말해 납 중독을 원인으로 직접 끌어들이지 않고도, 납 성분의 존재와 낮은 학업 성과의 상관관계는 충분히 설명된다.

이제 연구자들이 어떻게 이 두 가지 형태의 불평등 사이에 있는 인과관계를 증명했는지 보자. 그들의 가설을 검증하기 위해 무작위로 선발한 아동 집단을 납 성분에 노출하고 한 해 또 다음 해 통제집단과 학업 성과를 비교한다는 것은 불가능하다. 그럼, 어떤 방법을 썼을까? 연구자들은 의학과 사회학에서 무척이나 요긴한 '도구 변수instrument variable' 기법을 사용했다. 일단은 납 중독에만 영향을 미치며 학업 성과에는 영향을 미치지 않는 변수('도구')를 찾는다. 그다음에 이 변수의 추이에 따라 학업 성과가 어떤 비율로 영향을 받는지 관찰해야 한다.

우리가 관심을 두는 이 사안에서 연구자들이 선택한 도구변수는 납 성분 페인트 도색을 금지하는 정부 규제였다. 이 조치는 납 성분에 대한 노출에 뚜렷한 영향을 주는 반면, 그 자체는 학업 성과와 완전히 무관하다. 실제로 새로운 납 관련 규제가 학습 의욕이나 역량에 직접적으로 영향을 줄 리는 없지 않은가. 그러한 규제가 학업 성과에 미칠 수 있는 유일한 영향은 오로지 납 중독 감소, 즉 납에 대한 노출을 억제함으로써만 가능할 것이다. 그러므로 납 성분에 대한 규제 효과와 그러한 규제 이후 나타난 학업 성과의 추이를 측정할 수 있다면 결국 납에 대한 노출이 학업 성과에 미치는 영향이 보일 것이다. 그것은 납에 대한 노출이 독자적으로 미친 영향, 다시 말해 다른 변수들이 기생하지 않는 고유한 영향일 것이다.

로드아일랜드주에서 이 규제는 납에 대한 노출 격차를 상당 수준 감소시켰다. 1997년만 해도 납에 대한 과도한 노출은 아프리카계 미국인이 백인에 비해 60퍼센트나 더 많았는데 새로운 규제가 도입된 이후인 2004년에는 38퍼센트 더 많은 수준까지 내려왔으니 말이다. 이러한 격차 감소는 아프

그림 10 납에 대한 노출 불평등 측정

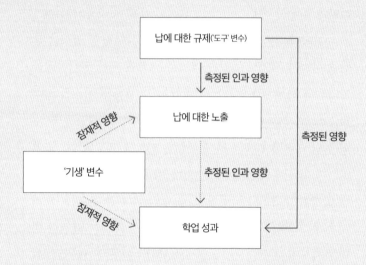

해석: 납에 대한 규제가 학업 성과에 가져온 변화는 그러한 규제가 납에 대한 노출에 미치는 영향을 통해서 측정할 수 있다(실선). 반면 납에 대한 노출이 학업 성과에 미치는 영향은 직접 측정이 불가능하다(점선).

출처: 필자

리카계 미국인 아동들의 학업 성과가 뚜렷이 개선되는 결과로 나타났다. 연구자들은 앞에서 기술한 방법을 통해 교육 불평등 감소가 적어도 절반은 새로운 규제에 따른 환경불평등 감소에서 비롯되었을 것으로 추산했다. 지금도 흑인이 백인에 비해 납 성분에 더 많이 노출되고 있다는 점을 알아두자. 만약 이 격차가 완전히 해소된다면 학업 성적의 격차는 더욱 줄어들 것이다.

안타깝게도 미국에는 미처 다뤄지지 못한, 다른 유형의 환경 위험에 대한 불평등한 노출도 있다. 그리고 그 목록은 계속 늘어나는 추세다. 일례로 폴리브롬화디페닐에테르(PBDE)는 플라스틱과 섬유 처리에 쓰이는 화학성분인데, 특히 아이들의 발달과 신경계에 유해하다. PBDE에 대한 노출 역시 백인 아동보다 아프리카계 아동이 2배나 많다.[7] 그 주요한 이유는 아프리카계 미국인들의 거주지가 공장 지대에서 가까운 편이기 때문이다.

공공정책의 결정적 관건은 공해의 다양한 유형은 물론, 그

7 Heather M. Stapleton, Sarah Eagle, Andreas Sjödin et al., "Serum PBDEs in a North Carolina toddler cohort. Associations with handwipes, house dust, and socioeconomic variables", *Environmental Health Perspectives*, no. 120-7(2012).

러한 공해에 노출되는 지역과 인구를 파악하는 것이다. 이 책
3부에서 고찰하겠지만 최근 몇 년 동안 환경 관련 규제를 발
빠르게 마련하고 적용을 강화하기 위해 누구나 접근 가능한
지도 제작 도구들이 다수 개발되었다. 도널드 트럼프가 미국
의 환경 정책을 박살 내기 전까지만 해도, 미국은 공해에 대
한 정보를 유포하는 데 선두 주자였다. 조 바이든Joe Biden의 대
선 승리로 미국이 다시 그렇게 될 수 있을까? 아직은 무어라
말하기 이르다. 유럽 국가들은 환경보호에 앞장서고 있다고
자부하지만, 국민들이 참여 가능한 지도 제작 도구라는 면에
서는 아직도 갈 길이 멀다. 유럽위원회가 유럽인들의 사회정
의와 생태 정의라는 이중의 요구에 부응하는 뜻에서 이 사안
을 두고 주도적 역할을 할 수도 있겠다. 그렇지만 신흥국에서
는 시민사회와 정당의 레이더가 이 중대한 문제를 잘 감지하
지 못하고 있는 듯하다.

대기오염

WHO의 발표에 따르면 대기오염으로 인한 사망자가 연간
400만 명 이상이다. 에너지 및 폐기물 연소에서 발생한 미세

한 입자가 호흡을 통해 체내에 유입됨으로써 심장마비, 폐암, 그 밖의 만성 호흡기 질환을 일으키기 때문이다.

미세입자의 크기를 가늠하고 싶다면 머리카락 한 올을 열 가닥으로 가른다고 상상해보라. 그렇게 얻은 한 가닥의 지름이 10미크론에 해당하는데, 우리가 흔히 말하는 미세먼지는 지름 10미크론 이하인 먼지다.[8] 가장 위험한 초미세먼지는 2.5미크론 이하로, 머리카락 한 올을 40가닥으로 쪼갠 크기다. 입자가 작으면 작을수록 우리의 신체 기관과 조직에 깊이 파고들어 머물 수 있으므로 심각한 손상을 일으킬 가능성이 크다.

주로 저소득 국가와 신흥국이 대기오염에 피해를 입는다. WHO의 권고대로라면 2.5미크론 이하의 초미세먼지는 연평균 1세제곱미터당 10마이크로그램 이하여야 하고, 25마이크로그램 이상 되는 날이 일 년에 사흘을 넘어서는 안 된다. 그렇지만 오늘날 세계에서 가장 공해가 심한 도시로 꼽히는 인도 뉴델리는 연평균 1세제곱미터당 100~150마이크로그램에 이르고 미세먼지가 특히 심한 날은 세자릿수가 넘어가서 측정이 불가능하다(1세제곱미터당 999마이크로그램까지만 측정 가능

---

8 따라서 여기서 예로 든 머리카락의 지름은 100미크론 정도로, 일반인 평균치(70미크론)보다 다소 굵다.

한데 이 정도면 이미 하루에 담배를 50개비 피우는 것과 같은 수준이다).

신흥국 대도시에서 측정되는 공해가 천문학적 수준이기는 하나, 선진국에서도 대기오염으로 인한 위험은 무시할 수 없다. 프랑스에서 경유 및 각종 화석에너지 연소에서 발생하는 미세먼지는 전체 사망 원인 가운데 9퍼센트를 차지하는데 이는 결코 간과할 수 없는 수치다. 프랑스 사망 인구의 9퍼센트라면 연간 5만 명으로, 술로 인한 사망 인구와 맞먹는다. 30세 이후의 기대수명이라는 면에서도, 미세먼지로 인한 대기오염이 없다면 프랑스인은 평균 9개월을 더 살 수 있을 것으로 추산된다. 그런데 기록적인 수치의 미세먼지가 사망률을 높이는 것은 아니라는 점을 짚고 넘어가자. 일 년에 한두 번, 미세먼지 수치가 사상 최고치를 기록할 때만 유럽 여러 나라의 신문 1면 기삿거리가 되고 정치권의 반응이 나온다. 하지만 진짜 치명적인 것은 비교적 낮은 수치의 미세먼지에라도 일 년 내내 정기적으로 노출되는 것이다. 앞서 말한 5만여 건의 사망 중에서 3만 5,000여 건은 해당 지역사회가 대기오염 수준을 낮추기만 했어도 피할 수 있었다. 달리 말해보자면 이렇다. 프랑스에서 매년 발생하는 사망 100건 중 7건은 전 국토, 모든 지역의 오염 수준이 양호하다면 일어나지 않았을 수 있다!

모든 사회 계층이 대기오염에 영향을 받지만 대체로 일차적 피해는 저소득층이 입는다. 그 이유 중 하나는 공해가 심한 지역이 저소득층 주거지역인 경우가 많기 때문이다. 미국에서 미세먼지를 대량 방출하는 석탄발전소는 아프리카계 인구 주거지역 주위에 몰려 있다. 미국에서 가장 공해를 많이 배출 하는 12개 석탄발전소 주변에 거주하는 인구의 76퍼센트는 비非백인이다. 석탄발전소와 관련된 위험이 평등하게 분포한 다면 이 비율은 28퍼센트로 낮아져야 한다.[9] 미국의 공적 토 론이나 환경운동에서 쓰이는 '환경인종주의environmental racism' 라는 표현은 이러한 관찰을 바탕으로 나온 것이다.

게다가 동일한 지역 안에서도 공해에 대한 노출은 불평등 하게 나타난다. 가난한 사람들이 대개 더 큰 위험을 무릅쓰 기 때문이다. 세브린 드겡Séverine Deguen이 이끄는 연구진은 파 리의 대기 미세먼지가 일으키는 불평등한 효과에 주목했다.[10]

9 "Coal blooded", National Association for the Advancement of Colored People(2012) ; Conrad G. Schneider & M. Padian, "Dirty air, dirty power. Mortality and health damage due to air pollution from power plants", Clean Air Task Force(2004).

10 Séverine Deguen, Claire Petit, Angélique Delbarre et al., "Neighbourhood characteristics and long-term air pollution levels modify the association between the short-term nitrogen dioxide concentrations and all-cause mortality in Paris", *PLOS One*, no. 10-7(2015).

프랑스의 수도에서 가장 못사는 동네가 대기오염에 더 많이
노출되지는 않았지만(이 도시의 역사를 공부하다 보면 공장의 매연이
미치지 않는 곳에 부촌이 형성되었으리라는 기대를 품게 되지만 실은 그
렇지 않다) 부잣집들은 실내 공기의 질이 훨씬 좋았다(애초에 환
기 설비가 잘 갖추어져 있고 요즘은 냉방이나 공기 청정 시스템도 있기 때
문이다). 게다가 가난한 사람들은 지하철이나 버스에서 보내
는 시간이 많은데 그러한 대중교통의 공기는 가정의 실내공
기보다 더 나쁘다.

두 번째 이유는 개인의 건강이 소득수준과 상관관계가 있
기 때문이다(2장에서 언급한 '열 가지 확고한 사실'을 떠올려보라). 결
과적으로, 가난한 사람들이 도시의 대기오염에 더 취약할 수
밖에 없다.

마지막으로, 부자들은 노르망디나 샹파뉴아르덴에 시골집
을 마련하고 '전원'에서 여가를 누리는 식으로 공해를 피할
방법이 있다. 따라서 그들은 일 년 내내 파리의 대기오염에
노출되지 않는다. 뉴델리나 라고스 같은 대도시에서도 사정
은 비슷할 것으로 보인다. 그 도시들에서 부자와 가난한 자의
실내공기 오염 격차는 훨씬 뚜렷하고, 의료 접근성의 격차 역
시 마찬가지다.

개발도상국에서의 실내공기 오염

한집에 있다고 해서 모두가 똑같이 공기 오염의 피해를 입는 것은 아니다. 특히 신흥국에서는 가열한 물을 이용하는 난방과 음식 조리법 때문에 실내공기 오염도가 매우 높은 편이다. 2017년 기준, 개발도상국에서 장작이나 탄炭을 태우는 전통적인 방법으로 음식을 만드는 인구는 30억 명이나 된다. 그러한 방식이 배출하는 미세입자는 대도시의 대기를 오염시키는 미세입자와 다르지 않다.

여기서 경제적 불평등에 젠더 불평등이 가중된다. 실내공기 중 미세입자에는 집에서 시간을 많이 보내는 여성과 아이가 더 많이 노출된다. 질 나쁜 실내 공기는 폐 질환과 심혈관계 질환의 원인이 된다. 폐렴으로 인한 아동 사망의 50퍼센트는 질 나쁜 실내공기가 원인이다. 대기오염으로 인한 심혈관계 질환으로 사망하는 인구가 세계적으로 매년 400만 명 이상(전체 사망 원인의 7퍼센트)인데 이 인구는 신흥국이나 개발도상국에 거의 다 몰려 있다.[11]

---

11 "Burden of disease from household air pollution for 2012. Summary of results", OMS(2014).

공업 및 농업 공해: 위험 지대의 인구

대기오염은 미디어의 조명을 받는다. 미세먼지가 심한 날은 육안으로 봐도 확연한 차이가 나기 때문에 그런 면도 있다. 그러나 토양오염이나 수질오염도 모두의 건강, 특히 경제적 취약층의 건강에 상당한 영향을 미친다는 것을 잊으면 안 된다. 살충제나 제초제 같은 농약은 불평등하게 작용하는 주요한 공해 요인이다. 농약의 일차적 피해자는 농민이나 농약을 취급하는 노동자. 그들과 그들의 가족, 이웃은 그러한 화학 성분을 피부, 구강(제품을 다룬 후 흡연한다든가 하는 과정에서), 호흡기를 통해 체내에 받아들이게 된다. 농약에 대한 노출은 전립선암, 피부암 발병 위험과 파킨슨병 같은 신경퇴행성질환 발병 위험을 높인다.[12] 연구의 진전과 법적 대응에 힘입어 농약이 건강에 미치는 유해성은 점차 잘 알려졌지만, 몬산토 같은 공해 유발 기업들은 이러한 움직임을 방해한다. 이 기업들은 정보를 조작하는 홍보 작전에 엄청난 돈을 투입한다. 몬산토를 상대로 한 환경 관련 소송은 여러 건이 진행 중이며, 프

---

12 농약을 사용하는 농업 인구는 그렇지 않은 인구에 비해 이러한 질환에 걸릴 위험이 적게는 12퍼센트에서 많게는 28퍼센트로 훨씬 높았다. 다음을 참조하라. "Pesticides: effets sur la santé", *Expertises collectives*, Inserm (2013).

랑스와 미국에서 몬산토는 이미 거짓 광고 건으로 패소했음을 기억하자.

살충제, 제초제 공해의 경우, 위험에 가장 크게 노출된 사람들이 평균 이상으로 취약하기도 하다. 여러 연구에서 농민들의 건강 검진과 의료서비스 이용은 전체 국민 평균치를 밑도는 것으로 보고되었다.[13]

지금까지 우리의 관심은 사람들 간의 불평등에 집중되었지만, 소득수준과 위험에 대한 노출의 연결에서는 공간적 측면도 결정적 요소다. 전 국토가 인간의 활동으로 오염될 수 있다. 광산지대(유럽의 북해 분지, 미국의 알래스카주, 유타주, 네바다주)에서는 중금속으로 인한 토양오염과 수질오염이 다수 보고되었다. 개발도상국에서는 토양오염에 대한 체계적 검사 연구가 매우 드물지만, 이러한 국가에서 왕성하게 활동하는 기업들은 선진국 광산지대 못지않은 손상을 낳는다. 개발도상국에서는 기업들에 대한 규제가 훨씬 덜 엄격하므로 왕성한 기업 활동이 더욱더 심한 파괴를 낳기 때문이다.[14]

---

13 유럽과 북미의 경우가 특히 그렇다. 또한 신흥국들에서도 농촌은 도시에 비해 정보와 의료서비스 접근성이 떨어지는 편이다.

14 Joan Martinez-Alier, *L'Écologisme des pauvres, op. cit.*

환경 파동 앞에서의 불평등

앞에서 보았듯이 다양한 형태의 공해는 대개 오랜 기간에 걸쳐 만성 질환을 일으킨다. 반대로 환경 파동(태풍, 가뭄, 침수 등)에 대한 노출은 훨씬 전격적이다. 우리는 환경 파동의 효과도 불평등하다는 것을 보게 될 것이다. 물론 부자든 가난한 자든 모두가 피해를 입는다는 사실은 잊으면 안 되지만 말이다. 게다가 그러한 현상을 종종 지칭하는 '자연재해'라는 용어가 기만적일 수 있다는 점도 기억하자. 오늘날 전 세계에서 관찰되는 가뭄 현상의 4분의 3은 기후변화와 관련이 있고 기후변화 자체는 인간 활동에서 비롯되었다.[15] '자연' 재해는 그 단어가 암시하는 만큼 자연의 소산만은 아니다.

침수, 노출과 기술적 취약성

2005년, 허리케인 카트리나가 루이지애나주와 뉴올리언스주를 강타했다. 이것은 미국 역사상 가장 피해액이 컸던 환

---

15 Erich M. Fischer & Reto Knutti, "Anthropogenic contribution to global occurrence of heavy-precipitation and high-temperature extremes", *Nature Climate Change*, no. 5–6(2015).

경 재해 중 하나로, 당시 피해액은 1,000억 달러가 넘었다. 사망자는 무려 1,400여 명에 이르렀다. 카트리나는 오늘날에도 여전히 세계 최강대국을 분열시키고 있는 사회적, 환경적, 인종적 불평등을 일깨운다. TV 시리즈 〈트림Treme〉은 카트리나가 휩쓸고 간 뉴올리언스의 서민 동네를 배경으로 한다.[16] 이 방송은 주민들이 감당해야 했던 비극의 광범위함은 물론, 재건지원금에 대한 불평등한 접근을 잘 보여준다.

태풍으로 제방이 무너졌을 때 이 도시에서 흑인과 백인이 입은 피해의 차이는 너무도 뚜렷했다. 이 도시의 흑인 인구 중 절반 이상은 피해 지역에 살았지만 백인은 30퍼센트밖에 되지 않았다. 달리 표현하자면, 아프리카계 미국인은 백인에 비해 68퍼센트 더 위험에 노출되었다. 그 이유는 도시의 침수 지대가 흑인들이 많이 사는 빈곤층 주거지와 일치하기 때문이기도 했다. 지대가 높은 곳에 형성된 부촌은 백인이 주로 살았고 침수 위험이 훨씬 낮았다.

위험에 대한 노출 불평등에 재해에 대한 취약성의 격차가 겹친다. 가난한 사람들의 건강 상태가 평균에 미치지 못한다

---

16 David Simon & Eric Overmyer, (HBO) 2010-2013.

는 점은 굳이 다루지 않겠다. 뉴올리언스 침수 피해에서는 개인의 회복탄력성(다시 말해, 충격을 대하는 역량)이라는 다른 요인도 작용했다. 아프리카계 미국인 가정에는 긴급 대피에 사용할 자동차가 없었다. 프랑수아 제멘François Gemenne의 연구가 잘 지적해주었듯이[17] 대피하지 않고 도시에 남아 있던 인구를 대상으로 설문조사를 한 결과 응답자의 절반 이상이 이동수단이 없었다고 답했다.

불행히도 이러한 구조는 다른 나라들에서도 발견된다. 영국에서도 가장 가난한 사람들이 연안 침수 피해에 더 많이 노출된다. 소득 하위 10퍼센트 가운데 16퍼센트 이상이 침수 위험 지역에 살지만, 상위 10퍼센트 중에서 이 지역에 사는 사람은 단 1퍼센트다.[18] 세계 차원에서 보더라도 사정은 마찬가지다. 해안선에서 100킬로미터 이내에 사는 사람이 전 세계에 25억 명인데, 4분의 3 이상이 개발도상국 국민이다.

---

17 François Gemenne, "What's in a name: social vulnerabilities and the refugee controversy in the wake of Hurricane Katrina", *Environment, Forced Migration and Social Vulnerability*(Springer, 2010).

18 Gordon Walker & Kate Burningham, "Flood risk, vulnerability and environmental justice. Evidence and evaluation of inequality in a UK context", *Critical Social Policy*(2011).

이러한 사정은 침수 피해에만 국한되지 않는다. 경제학자 스테판 할레가트Stéphane Hallegatte와 세계은행 소속 연구진은 아프리카, 아시아, 라틴아메리카에서 일어난 재해 대부분에서 빈곤층이 환경 파동에 더 크게 노출되었음을 보여주었다.[19] 그리고 빈곤층은 그러한 피해에 더 크게 무너진다. 저자들이 지적하는 이유는 두 가지다. 첫째, 빈곤층의 주택, 이동수단, 그 외 소유물은 부유층의 그것에 비해 내구성이 약하다. 둘째, 재해가 일어나면(환경 재해든 그 밖의 재해든) 빈곤층은 생활 기반 전체가 파괴된다. 부유층은 모든 자산을 한곳에 두지 않는다. 일부는 이를테면 은행에, 증권계좌에 보관한다.

요약해보자면, 대기오염이든 토양오염이든, 침수 피해든 가뭄 피해든, 위험 지역에는 주로 가난한 개인들이 거주한다. 그렇지만 소득수준과 환경 위험에 대한 노출 사이에 체계적이고 절대적인 관계가 있는 것은 아니다. 이러한 문제가 국토 차원이 되면 때때로 사회적 불평등 효과가 흐려진다. 국토 전체가 공해나 태풍에 휩쓸리면 빈부, 남녀, 인종을 가리지 않고 모두가 피해를 입는다. 이런 유의 사건이 우리 모두가 환

---

19 Stéphane Hallegatte, Mook Bangalore & Laura Bonzanigo, "Shock waves. Managing the impacts of climate change on poverty", World Bank Group(2016).

경의 질적 저하에 영향을 받는다는 사실을 때맞게 일깨워주기도 한다. 그렇지만 우리는 가난한 사람들이 언제나 공해와 환경 파동에 더 크게 무너진다고 주장할 수 있다. 이들은 피해로부터 자기를 지킬 수단이 없기 때문이다. 이것은 결국 경제 불평등, 환경불평등, 정치 불평등이 뒤섞인 악순환이다. 현대사회는 환경 위험과 그 위험에 대처할 수단을 사회적으로 불공평하게 분배하고 있다. 그로써 기존의 사회적 불평등은 자동으로 강화된다.

5장

공해 유발 책임의 불평등

자원 접근성과 위험에 대한 노출의 불평등 다음으로 살펴볼 세 번째 측면을 이제 제시한다. 그것은 바로 공해 유발자들이 환경에 끼치는 손실에 대한 책임의 불평등이다. 일단 떠오르는 문제는 이것이다. 이 불평등을 어떻게 생각할 것인가? 국가 간 격차에 비추어봐야 하는가? 산업 분야 간 격차나 개인 간 격차를 고려해야 하는가? 이 책을 제작함으로써 생기는 공해는 누가 책임지는가? 저자? 출판사? 유통업자? 독자? 여기서 수많은 윤리적 문제가 불거진다. 우리는 일단 어떤 불평등을 다루는지 분명히 해두고 그 불평등의 원인을 고찰한 후, 3부에서 해법을 고민해볼 것이다.

어떤 불평등을 다루는가?

'인류세'는 우리가 사는 지질학적 시대를 지칭하기 위해 새로이 등장한 용어다. 지구물리학적 힘들만이 기후변화에 작용했던 이전의 지질학적 시대들과 달리, 인류세는 인간 활동이 토양기후 체계를 바꾸어놓은 시대다. 이 용어의 타당성에 대해서는 아직 지질학자들의 논쟁이 끝나지 않았지만 인간 활동으로 기후가 지금까지와는 다른 양상으로 급속히 엇나

가고 있다는 것은 주지의 사실이다. 따라서 인류세는 지구라
는 시스템의 이상과 그 결과에 대한 인간의 책임을 직시하게
한다. 그렇지만 '인류'는 결코 균질한 집단이 아니며, 모든 이
가 이 대혼돈에 다 같은 방식으로 책임이 있지는 않다는 것
을 잊으면 안 된다.

또 다른 해석의 틀은 세대를 초월하는 정의라는 관점에서
생태 위기를 생각해보는 것이다. 이러한 관점에서 기후 이상
은 오랜 시간에 걸쳐 진행되는 불의라는 특징을 띠고, 바로
그렇기 때문에 세대 간 대립을 유발한다. 이러한 해석은 특히
2006년 영국에서 발표된 스턴 보고서에 바탕을 두고 있다.
이 유명한 보고서는 우리 세대와 다음 세대가 치러야 할 기
후변화의 비용을 전 세계 총소득의 약 15퍼센트로 추산했다.
반면 그러한 온난화를 예방하는 데 드는 비용은 1~2퍼센트
로 낮다.[1] 이러한 접근은 정치, 언론, 학술 분야의 여러 저자가
기후변화가 몰고 올 충격을 좀 더 구체적으로 생각하게 하는
계기를 마련했다. 이로써 우리는 내일의 인류에게 가해지고
있는 거대한 불의를 깨달았다. 그러나 기후변화의 불의는 이

---

1   Nicholas Stern, *The Economics of Climate Change*(Cambridge University Press,
    2007).

게 다가 아니다. 한 세대 안에도 승자와 패자, 지배자와 피지배자, 공해 유발자와 공해 피해자가 있다.

세 번째 해석의 틀, 기후에 대한 국제협상에 지금까지 사용된 틀은 국가들을—혹은 국가집단들을—대립시킨다. (1인당 평균 배출량을 기준으로) 공해를 많이 배출하는 국가들과 기후변화의 결과에 가장 취약한 국가들을 지도에 표시해보면 공해 유발 대국들이 피해는 가장 덜 입는다는 사실을 분명히 알 수 있다.

그렇지만 이 해석의 틀 자체도 논의의 대상이다. 책임 정도를 따지려면 그동안 역사적으로 배출해온 양을 봐야 하는가, 현재의 데이터를 봐야 하는가? 1인당 배출량을 봐야 하는가, 국가 전체 배출량을 봐야 하는가? 가계 소비와 관련된 배출 수준을 봐야 하는가, 국토 전체에서 발생하는 배출 수준을 봐야 하는가? 국가의 소득수준과 행동 역량도 고려해야 하는가?(대책을 마련할 역량이 있는 국가들이 더 큰 책임을 져야 하는가?) [그림 11]은 세계 차원의 다양한 책임 할당을 나타낸다. 예를 들어 유럽연합은 현재 온실가스 방출량의 11퍼센트를 차지하지만 소득에서는 16퍼센트를 차지하고 역사적으로 누적된 방출량을 따지면 20퍼센트 수준이다. 중국으로 옮겨가면 프로필이 완전히 뒤집힌다. 중국은 현재 방출량에서 25퍼센트

그림 11 온실가스 배출에 대한 책임

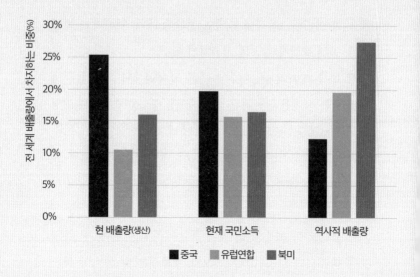

해석: 2017년 기준, 중국은 (생산과 관련하여) 전 세계 온실가스 배출량의 25퍼센트 이상을 배출하지만 역사적으로 누적된 배출량으로 보면 13퍼센트가 안 된다. 또한 중국의 국민총소득은 전 세계 국민총소득의 20퍼센트에 해당한다.

출처: 필자가 발췌 요약. Lucas Chancel & Thomas Piketty(2015).
더 자세한 내용은 www.lucaschancel.info/insoutenables를 보라.

이상을 차지하지만 역사적으로 따져본 방출량에서는 13퍼센트도 안 된다. 어떤 원칙을 근거로 각자의 할당과 책임을 평가할 수 있을까?

1997년 교토에서 기후협약을 맺은 국가들은 "공동의 차별화된 책임common but differentiated responsibilities"이라는 원칙에 동의했다. 모든 국가가 기후변화에 책임이 있지만 역사적 배출량이 많고 생활 수준이 이미 높은 국가들(부속서Annexe1 국가)이 배출량 감소에 더 힘을 써야 한다는 것이다. 다시 말해, 교토의정서는 국가들을 두 범주로 나누었다. 한쪽에는 부속서1 국가(당시 OECD 가입국, 동유럽 시장경제전환국 및 유럽경제공동체 국가들)가 있고 다른 쪽에 나머지 세계가 있었다. 따라서 교토의정서는 온실가스의 역사적 배출량 및 현 배출량에 근거한 책임(교정적 정의)과 소득수준 혹은 지불 역량에 근거한 책임(분배적 정의)을 결합했다.

책임에 대한 이중적 접근은 지금도 기후에 대한 국제협상에서 효력이 있다. 예를 들어 교토의정서에서 내려오는 기후정의climate justice에 대한 규정은 2015년 파리기후협약의 금융준비금 조항에서도 볼 수 있다. 산업화된 국가들만 기후변화에 적응하기 위한 1,000억 유로 상당의 자금을 조성할 의무가 있고, 나머지 국가들은 희망하는 경우에만 자금 조성에 참여한다.

협상국들은 국가 간 갈등이 빚어질 수 있는 사안이니만큼 과정 전체에 문제가 생길까 봐 교토의정서를 계승하는 이 원칙에 대놓고 이의를 제기하지 않았다. 하지만 파리기후협약이 현대 세계의 중요한 특징을 고려해야 함에도 그러지 않았다는 게 문제다. 한 나라 안에서도 생활 수준은 하늘과 땅 차이인데 이러한 불평등은 갈수록 심해지고 있다. 남아프리카공화국, 중국, 인도에서도 부자들은 현재 공해를 일으키는 만큼 책임을 져야 하지 않을까? 교토의정서의 원칙은 국가 내 격차를 무시한 채 그 국가의 평균치만 중요시한다.

지속 가능한 개발이라는 동화를 끝내기 위해

2015년 말 파리에서 유엔기후변화회의(COP21)가 열리기 직전에, 필자와 토마 피케티가 협상국들과 여론이 개인의 책임을 논의의 중심에 두기를 바라는 뜻에서 발표한 연구가 있다. 우리는 그러한 해석의 틀이 기후 관련 협상에서 발생하는 몇 가지 벽을 넘어서는 데 도움이 될 거라 생각했다. 연구의 출발점은 지속 가능한 개발이라는 '동화'의 어느 한 측면을 다시 생각해보는 것이다.

우리는 이 책의 1부에서 쿠즈네츠 곡선에 대한 지나치게 단순한 해석을 지적했다. 그 해석대로라면 국가의 경제발전이 어느 선을 넘어가면 불평등이 자동으로 감소한다. 1990년대에 경제학자 진 그로스먼Gene Grossman과 앨런 크루거Alan Krueger는 발전 수준과 공해의 관계도 비슷하게 이론화될 수 있다고 주장했다.[2] 그들의 이론에 따르면 국가가 많이 발전하지 못했을 때는 경제성장이 주로 도로와 공장 건설, 도시화를 통해서, 생태계를 파괴하고 공기의 질을 떨어뜨리면서 이루어진다. 국민은 경제발전의 바람직하지 않은 외부효과를 처음에는 그저 수용하지만, 생활 수준이 높아지면 환경보호에 투입할 시간과 여력이 생긴다. 그러므로 어떤 변곡점을 지나면 지구 생태계를 존중하는 기술로 돌아서게 될 것이다.

이른바 '쿠즈네츠 환경곡선'이라고 하는 이 이론은 개인 수준에도 적용된다. 개인의 소득이 어느 수준을 넘어서면 자연스럽게 친환경 식품과 전기차를 찾고 주택 단열에도 신경을 쓰게 되면서 부자들이 배출하는 공해 수준이 낮아진다는

---

2 Gene M. Grossman & Alan B. Krueger, "Economic growth and the environment", *The Quartely Journal of Economics*(1995).

것이다.

이러한 생각이 경제발전에 초점을 맞추는 공직자들에게는 몹시 구미가 당길 것이다. 성장 정책을 밀고 나가면 환경 문제도 저절로 개선된다는데 환경에 신경 쓸 필요가 무에 있겠는가. 정치적 의사결정권자들에게는 안된 말이지만 그러한 생각은 신화에 불과하다. 여러 나라에서 이 유명한 '뒤집힌 U'자 곡선은 극소수의 오염원에만 들어맞는 것으로 확인되었다.[3] 현재 문제가 되는 대부분의 오염원, 특히 온실가스 배출원에 관해서, 또한 물과 토양 사용에 관해서 쿠즈네츠 환경 곡선은 전혀 들어맞지 않는다.[4]

부자들이 지구를 파괴하고 있다?

국가들이 아니라 개인들을 비교하면 소득이 증가할수록 오

3 David I. Stern, Michael S. Common & Edward B. Barbier, "Economic growth and environmental degradation. The environmental Kuznets curve and sustainable development", *World Development*, no. 24-7(1996).

4 Diana Ivanova, Konstantin Stadler, Kjartan Steen-Olsen et al., "Environmental impact assessment of household consumption", *Journal of Industrial Ecology*(2015).

히려 오염물질을 더 많이 쓰는 양상을 볼 수 있다. 여기서는 이산화탄소(CO_2)를 비롯한 온실가스(CO_2e)에 초점을 맞출 것이다. 다른 형태의 오염원들을 간과해서가 아니라 온실가스 감축이 현재 우리 인류에게 주어진 거대한 도전 과제이기 때문이다. 게다가 우리는 이 주제와 관련해 비교적 촘촘한 데이터를 가지고 있어서 책임 불평등에 대한 연구가 용이했다.

그렇지만 여러 국가에서 이루어진 연구작업들은 소득(혹은 소득과 긴밀한 관계에 있는 지출 수준)이 한 국가 내 개인들의 CO_2e 배출 차이를 설명하는 가장 중요한 요인이라는 것을 보여주었다.[5] 앞에서 에너지를 다루면서 설명했듯이 직접 배출과 간접 배출은 구분해야 한다. 직접 배출은 에너지 사용 현장에서 (이를테면 자동차 배기관이나 가스보일러에서) 일어나는 배출이다. 간접 배출은 우리가 소비하는 서비스와 재화(스마트폰, 유기농 당근, 영화 관람권 등)를 구현하기 위해 필요한 배출이다. 사실 우리가 일상에서 사용하는 모든 것을 고안, 제작, 운송, 판매하는 데 에너지가 필요하다. 이러한 간접 배출은 자국 영토에서 일

---

5 Manfred Lenzen, Mette Wier, Claude Cohen et al., "A comparative multivariate analysis of household energy requirements in Australia, Brazil, Denmark, India and Japan", *Energy*, no. 31-2(2006).

어날 수도 있고, 수출품이라면 해외에서 일어날 수도 있다. 우리는 뒤에서 간접 배출을 고려하면 국가 간 CO_2e 배출의 '고전적' 분포가 달라진다는 것을 확인할 것이다.

3장에서 개인의 소득이 증가하면 에너지소비도 증가하지만 비례 관계는 아니라는 점을 보았다. 에너지소비에서 비롯되는 CO_2e 배출도 마찬가지다. 사실 우리에게 하루에 필요한 열량, 차에 채울 수 있는 연료의 양은 한계가 있다(자가용을 여러 대 소유한 사람도 한꺼번에 여러 대를 몰고 다닐 수는 없다). 반면 소득으로 구매할 수 있는 재화와 서비스의 양에는 사실상 한계가 없다. 온종일 차고에 세워져 있는 고급 승용차들은 CO_2e를 직접 배출하지 않지만 그 차들의 설계와 제작에서 발생한 CO_2e는 소유주의 CO_2e 간접 배출량을 계산할 때 고려되어야 한다. 따라서 간접 배출은 직접 배출보다 더 소득과 밀접한 상관관계에 있다. 개인이 잘살수록 간접 배출이 차지하는 몫이 크다.[6] 소득 상위 20퍼센트 집단에 속하는 프랑스인과 미국인은 총배출에서 간접 배출이 4분의 3이나 된다. 반면 소

6 Fabrice Lenglart, Christophe Lesieur & Jean-Louis Pasquier, "Les éissions de CO_2 du circuit économique en France", *L'Économie française*(2010) ; Jane Golley & Xin Meng, "Income inequality and carbon dioxide emissions. The case of Chinese urban households", *Energy Economics*, no. 346-6(2012).

득 하위 20퍼센트 집단에서는 간접 배출이 3분의 2 정도다.

우리가 참고할 수 있는 연구들은 국내총소득이 높아진다고 해서 총배출(직접 배출+간접 배출)이 감소하지 않는다는 것을 보여준다. 소득과 같은 속도로 증가하지는 않지만, 소득이 증가하면 일반적으로 배출량도 증가한다. 좀 더 상세히 따져 보자면, 소득이 1퍼센트 늘 때마다 탄소배출은 국가에 따라 0.6~1% 남짓한 범위에서 증가하며, 중앙값은 약 0.9%이다. 소득 증가와 배출 증가를 연결하는 이 수치를 소득-배출 탄력성이라고 한다.

그렇지만 개인들 사이에는 상당한 수준의 탄소배출 불평등이 존재한다. 가령 미국에서 CO_2e 평균 배출량은 연간 1인당 23톤이다. 그러나 소득 하위 50퍼센트의 경우는 13톤이고 최상위 1퍼센트는 아무리 적게 잡아도 150톤이니 차이가 너무 난다.[7] 이러한 차이는 (사회 계층 사다리 아래쪽에서도) 에

---

7 Lucas Chancel & Thomas Piketty, "Carbon and inequality. From Kyoto to Paris. Trends in the global inequality of carbone emissions (1998-2013) & prospects for an equitable adaptation fund", Paris School of Economics(november 2015)를 참조하라. 미국의 경우는 Kevin Hummel, "Who pollutes? A household-level database of America's greenhouse gas footprint", CGDEV(2014)에서 얻은 값(약 0.6)을 사용했다. "Carbon and inequality"에서는 중앙값 0.9를 사용했다.

너지를 지나치게 많이 쓰는 소비 모델, 심각한 소득 차이 및 소비 수준의 차이에서 비롯된다. 프랑스와는 대조적이다. 프랑스 사회는 전체적으로 탄소를 덜 배출한다(교통과 냉난방이 에너지소비라는 관점에서는 좀 더 효율적이다). 소득 하위 50퍼센트의 CO_2e 배출량도 6톤으로 훨씬 낮고, 최상위 1퍼센트의 배출량은 80톤 수준이다. 브라질에서 하위 50퍼센트의 배출량은 1.6톤, 최상위 1퍼센트의 배출량은 70톤이다. 신흥국에서 인구 대다수는 공해를 적게 배출하고 그에 대한 책임도 적게 지지만, 유럽이나 북미의 부자들과 비슷한 에너지소비 방식으로 살아가는 경제 엘리트도 존재한다(브라질의 최상위 1퍼센트의 생활 방식을 분석하면 확인할 수 있다).

소득 외 요인들

소득은 CO_2e 배출의 개인 간 격차를 상당 부분 설명하지만, 다른 요인들도 개입한다. 이를테면 식습관이라든가 휴가 여행지 같은 개인적 선택이 일단 그렇다. 더욱이 항상 개인적 선택이라고 할 수 없는 부분도 있다. 어떤 사람은 기술적 제약 때문에(예를 들면 주택의 난방설비 자체가 에너지를 많이 잡아먹기 때문에), 정치적 제약 때문에(거주 지역에 대중교통수단이 미비하기 때문에) 본의 아니게 CO_2e 배출 수준이 높을 수도 있다. 그래서 소득 외에도 CO_2e 배출에 영향을 주는 요인을 기술, 공간, 사회문화라는 세 유형으로 구별할 수 있다.

첫째, 기술적 요인과 관련해서는 전기 및 에너지 관련 설비(난방, 단열, 자동차, 가전제품 등)에 대한 선택이 온실가스 배출에 지대한 영향을 미친다. 그래서 삶의 질이 동일하다고 할 때, 에너지 효율성이 높은 설비를 갖춘 가계와 20년 정도 된 노후 설비를 갖춘 가계는 CO_2e 직접 배출량이 3배까지 차이가 났다(총배출은 20퍼센트가량 차이 났다).[8]

둘째, 국토의 지리와 행정조직도 결정적 요소다. 미국 도시 내 이동은 유럽 도시 내 이동보다 한 사람당 4배나 더 에너지를 잡아먹는다. 구대륙에서는 도시계획법이 엄격한 데다가 공간적 제약도 크기 때문이다.[9]

보일러를 바꾸느냐 마느냐는 더 이상 개인의 임의적 선택

8 Prabodh Pourouchottamin et al., "Nouvelles représentations des consommations d'énergie", *Cahiers du Clip*(2013).

9 Lucas Chancel, "Are younger generations higher carbon emitters than their elders? Inequalities, generations and CO_2 emissions in France and in the USA", *Ecological Economics*, no. 100(2014).

이 아니라 집단적, 정책적 결정이라는 점도 알아두자. 개인이 하고 싶다고 해서 철로를 깔거나 주거지역과 상업지역의 거리를 좁힐 수는 없다. 기후는 난방이나 환기의 차이도 설명해준다. 프랑스에서 실외 온도가 1도 낮아지면 에너지의 직접 소비가 5퍼센트 늘어난다.[10]

셋째, 가계 규모나 학력 수준 같은 사회문화적 요인이 있다. 가령 한 집에 식구가 많을수록 1인당 에너지소비를 절약할 수 있으므로 CO_2e 배출량은 줄어든다. 사회문화적 요인도 개인의 배출량 결산에서 고려해야 할 요소다. 프랑스에서는 교육 수준이 이동수단과 관련된 CO_2e 배출 격차를 상당 부분 설명해준다. 소득이 같은 수준이라고 할 때, 학력이 높을수록 이동을 많이 하는 경향이 있고 그러한 생활 방식이 전체 배출량에 영향을 주기 때문이다.[11] 프랑스인은 매년 출퇴근으로 평균 0.7톤의 CO_2e를 배출하는데 파리-뉴욕 왕복 비행 한 번만으로도 그 두 배의 CO_2e가 배출된다!

10 Ibid.
11 Jean-Pierre Nicolas & Damien Verry, "A socioeconomic and spatial analysis to explain greenhouse gas emission due to individual travels", RGS-IBG Annual International Conference(2015).

'베이비부머' 효과

미국과 프랑스에서의 온실가스 직접 배출에 대한 연구에서 필자가 특히 관심을 둔 것은 탄소배출에 미치는 세대 효과였다.[12] 청년 세대는 노년 세대보다 온실가스를 많이 배출하는가? 일생에 걸친 세대 간 격차는 어떤 요인들로 설명되는가? 이 질문에 답하려면 개인의 에너지소비 데이터를 수십 년에 걸쳐 수집해야 한다. 가구 설문조사와 에너지 관련 데이터베이스를 교차 검토하면 그러한 수집이 가능하다.

우선 미국의 경우를 들여다보자. 미국에서 세대 효과는 사실상 관찰되지 않았다. 모든 세대 집단이 평생 거리낌 없이 탄소를 배출했고, 출생연도는 총배출에 그리 영향을 미치지 않았다. 젊은 세대의 배출량은 기성세대와 비슷했다. 설문조사에서 미국 젊은이들이 자신들은 기성세대보다 훨씬 더 환

---

12 Lucas Chancel, "Are younger generations higher carbon emitters than their elders?", op. cit. 이 논문은 직접 배출에 초점을 맞추었지만 만약 간접 배출까지 분석에 포함한다면 결론이 훨씬 확대될 확률이 높다. 안타깝게도 사용 가능한 데이터가 부족했기 때문에 그러한 분석은 가능하지 않았다. 또한 필자는 시간 추이에 따른 세대 효과를 측정했지만 1970년대 말 이후로 1인당 직접 배출은 감소하는 추세이기 때문에 이러한 접근이 결과를 변질시키지는 않는다는 점을 말해둔다.

경을 걱정하고 신경 쓴다고 답했음을 감안하면 다분히 역설
적인 결과다. 환경보호 문제에서 말과 행동이 다를 수 있다는
것을 새삼 되새기게 된다.

프랑스의 경우는 달랐다. 여기서는 세대 효과가 훨씬
또렷이 보였다. 베이비붐 세대와 그 직전에 태어난 세대
(1935~1950년생)는 자신의 부모 세대나 자녀 세대보다 직접 배
출량이 더 많다. 이들은 평균치보다 15~20퍼센트 더 많이
CO_2e를 배출한다(그림 12).

이 결과는 자못 흥미롭다. 우리가 앞에서 다루었던 탄소배
출에 작용하는 다양한 힘들이 빚어낸 결과이기 때문이다. 세
대 간 격차의 4분의 1 정도는 베이비붐 세대가 다른 세대보
다 더 소득이 많은 까닭에 발생한다. 특히 미국보다 프랑스가
그렇다. 프랑스의 베이비붐 연령층은 취업이 빨랐고 주택 구
입 비용도 그리 많이 들지 않았는데 그러한 상황에서 소득은
가파르게 증가했다. 동일 연령 기준으로 보면, 1945년에 태
어난 프랑스인은 자녀 세대보다 풍족하다. 1977년에 30~35
세 집단과 50~55세 집단의 소득격차는 15퍼센트에 불과했
지만 2009년에 이 격차는 40퍼센트나 되었다. 이러한 소득격
차에서 CO_2e 배출 격차가 비롯된 것이다. 베이비붐 세대는
다른 세대에 비해 동일 연령 기준에서 더 따뜻하게 난방하고,

그림 12 프랑스에서의 공해 배출 불평등과 세대 효과(1910~1980년 출생 세대)

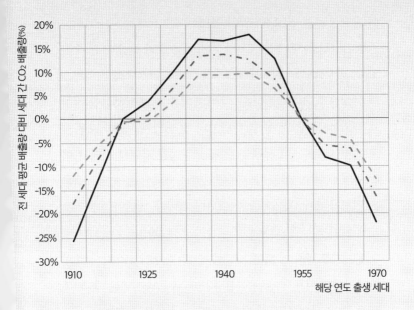

해석: 1945년 출생 세대는 일생 동안 CO_2e를 평균치보다 18퍼센트 더 많이 직접 배출한다. 이 세대가 다른 세대보다 동일 연령 기준으로 소득이 더 높다는 점을 고려하더라도 그들의 직접 배출은 평균치보다 14퍼센트 많다.

출처: Chancel(2014). 더 자세한 내용은 www.lucaschancel.info/insoutenables를 보라.

더 많은 연료를 쓰고, 더 많이 여행한다.[13]

하지만 소득 한 가지로 이 '베이비붐 효과'를 규명할 수는 없다. 이 세대와 다른 세대들 간의 차이는 주택의 에너지소비 특성으로도 설명된다. 사실 베이비붐 세대가 부동산 시장에 진입한 시기에는 주택 난방설비 및 단열재의 에너지 효율이 매우 낮았다. 이 세대는 오랫동안 그런 집에서 살았고 더러 아직도 살고 있다. 따라서 베이비붐 세대는 그들이 물려받은 인프라 속에서 꼼짝할 수 없었던 셈이다. 이러한 인프라를 교체하는 것은 몇 세대에 걸친 장기적 과정이다.

베이비붐 세대와 다른 세대들 간의 격차는 소득과 주택의 에너지 효율성으로 절반쯤 설명된다. 나머지 절반은, 통계 분석이 훨씬 까다롭긴 하지만, 전후戰後 세대에 고유한 사회적 규범과 아비투스habitus에서 비롯됐다고 할 수 있다. 베이비붐 세대는 전쟁과 배급제를 겪었던 그들의 부모 세대나 석유 파

---

13 1970~1980년대에는 저가 항공이 아직 존재하지 않았고, 동일 연령 기준으로 젊은 세대가 부모 세대보다 비행기를 더 많이 탄다는 점을 지적할 수도 있겠다. 하지만 그런 점이 (항공기 이용을 포함하는) 직접 배출량 전체에 영향을 주지는 않는다(적어도 이 연구에서 배출량을 측정한 마지막 시기인 2005년까지는 그렇다). 그리고 이동거리 기준, 한 사람 기준으로 계산해보면 두 명이 함께 타는 구형 승용차와 중거리 수송기는 CO_2e 배출량에 별 차이가 없다(1킬로미터당 80~100그램 대 100~120그램).

동 이후에 태어난 세대에 비해 도덕적 행동이 덜 발달했으리라고 보는 것이다.

미국에서와 마찬가지로 프랑스에서도 젊은이들은 자신들이 부모 세대보다 환경에 더 관심을 쏟는다고 생각했다. 그렇지만 앞에서 확인했듯이 청년 세대의 탄소배출량이 적은 것은 그들의 환경 의식만으로 설명되지 않으며 일부분은 경제적 능력이 크지 않기 때문이라고 봐야 한다.

지금까지 온실가스 배출 수준을 결정하는 소득 외적 요인들을 살펴보았다. 희망적인 소식은 이 요인들에 손을 쓰면 온실가스 배출을 줄일 수 있다는 것이다. 하지만 소득이라는 가장 큰 요인에 비해 이 요인들은 부수적이라는 것도 알게 되었다. 그러므로 공공정책에서 가장 큰 관건은 소득수준과 온실가스 배출의 관계를 정말로 깨뜨릴 수 있는 근본적 변화에 있다. 교통 인프라, 단열 및 난방 방식, 사람들의 인식에 변화가 일어나야 한다.

세계 각국의 온실가스 배출 불평등

한 나라 안에서 개인의 배출량이 어떻게 결정되는지 알게 되었으니 이제 국경을 벗어나 세계 차원에서 책임 분포도를 작성해보겠다. 어디가 온실가스를 가장 많이 배출하고 어디가 가장 적게 배출하는가? 지난 몇 년 사이에 공해 배출 불평등 지도는 어떻게 바뀌었는가? 그로써 기후 책임의 지정학에는 얼마만큼의 변화가 있었는가?

2008년 코펜하겐기후회의에서 미국과 인도의 연구자들이 논쟁을 벌인 이후 수많은 관련 기사와 논문이 쏟아져 나왔다.[14] 문제는 기후에 대한 세계회의에서 인도와 그 외 신흥국 협상 대표들은 자국의 평균 배출량이 낮다는 점을 이용해 최상위층의 배출량은—다시 말해, 사회적으로 가장 안락한 계층에 속하는 협상 대표들 자신의 배출량은—상당하다는 사실을 숨기려 했다는 것이다.

이듬해에 쇼이발 차크라바르티Shoibal Chakravarty와 프린스턴대학교의 물리학자, 경제학자로 구성된 공저자들은 이 주제에 대한 선구적 연구를 발표했다.[15] 개인 이산화탄소 배출의

---

14 Shoibal Chakravarty & M. V. Ramana, "The hiding behind the poor debate. A synthetic overview", *Handbook of Climate Change and India: Development, Politics and Governance*(Oxford University Press, New Delhi, 2011).

15 Shoibal Chakravarty, Ananth Chikkatur, Heleen de Coninck et al., "Sharing global CO_2 emission reductions among one billion high emitters", *Proceedings of the*

세계적 불평등을 측정한 것이다. 이 연구의 난점은 세계 수준
에서 각 사회집단의 영향을 측정해야 하는데 개인 배출에 대
한 연구는 몇몇 국가에 국한되어 있다는 점이었다. 따라서 소
득불평등에 대해서 사용 가능한 데이터베이스, 각국의 에너
지 집약도[16](어떤 국가들은 소득수준이 같은데도 에너지 관련 정책의 차
이 때문에 탄소배출 비율이 매우 달랐다), 소득과 CO_2를 통계적으로
연결해주는 '소득-배출' 탄력성을 바탕으로 추정할 수밖에 없
었다. 그렇지만 이 연구는 해외에서 발생하는 간접 배출이나
온실가스 전체를 고려하지 않는다는 한계가 있다. 게다가 국
가 간의 극단적 경제불평등도 충분히 고려하지 못하고, 이산
화탄소 배출의 역사적 변화에 대해서 알려주는 바도 없다.

앞에서 인용한 바 있는 필자와 토마 피케티의 공동 연구
「탄소와 불평등Carbon and inequality」, 그리고 우리가 세계불평등
연구소World Inequality Lab에서 함께 한 작업들은 한 국가 내 불평
등과 간접 배출을 고려함으로써 이 한계를 뛰어넘고자 했다.
또한 이 작업들은 기후 문제에 대한 책임의 실질 수준을 좀
더 잘 파악하게 해준다. [표 1]은 자국 내 온실가스 배출을 간

National Academy of Sciences, no. 106-29(2009).
16 (옮긴이) 국내총생산 1,000달러 생산을 위해 투입되는 에너지의 양.

표1 1인당 온실가스 배출량, 2021년

	자국 내 배출량 (1인당, 톤)	탄소발자국 (1인당, 톤)	세계 평균 배출량 대비 1인당 연간 배출량 비율
사하라 이남 아프리카	2	1.7	0.3
라틴아메리카	4.7	5	0.8
북아메리카	19.4	20.4	3.3
중앙아시아	11.5	9.6	1.6
동아시아	9.1	8.9	1.4
동남아시아	2.6	2.8	0.5
유럽	7.7	9.4	1.5
중동과 북아프리카	7.8	7.9	1.3
세계	6.1	6.1	1

해석: 유럽인은 1인당 매년 평균 9.4톤의 CO_2e를 배출하는데 이 수치는 해외에서 일어나는 간접 배출을 고려한 것이다(간접 배출을 고려하지 않은 양은 7.7톤이다). 유럽인의 탄소발자국은 세계 평균치의 1.5배 수준이다.

출처: Chancel(2021)[17]. 더 자세한 내용은 www.lucaschancel.info/insoutenables를 보라.

접 배출을 포함하는 전체 탄소발자국과 비교하는 방법으로 해외에서 일어나는 배출을 계산에 포함하는 것이 (특히 유럽의 경우) 얼마나 중요한지 보여준다.

이 방법은 다음과 같이 요약할 수 있다. 우리는 WID.world 데이터베이스에 올라와 있는 사회 계층 사다리 정상부의 소득불평등에 대한 상세 데이터를 사용했다. 이 정보를 각국의 직접 배출, 간접 배출 통계와 결합하고 탄소와 소득의 관계에 대한 여러 가지 가설을 세워서('탄력성' 값을 필요에 맞게 조정해) 각 사회 계층이 배출량에서 차지하는 몫을 파악하고자 했다. 이 방법론은 아직 개선해야 할 점이 많지만—초고소득에 대한 고려 수준이라든가 이산화탄소 외의 온실가스 배출에 대해서—결과는 이미 명백하다. 이 연구의 세 가지 중요한 가르침은 다음과 같다.

첫째, 1990년대부터 국가들 사이의 CO_2e 배출 불평등은 줄어들었지만 한 국가 안에서는 더욱 늘어났다. 국가 간 격차 감소는 '브릭스BRICS(브라질, 러시아, 인도, 중국, 남아프리카공화국)' 효과 때문이었다. 이 신흥국가들이 선진국들을 차츰 따라잡

---

17 Lucas Chancel, "Global income inequality", WID.world Working Paper(2021).

그림 13 CO₂ 배출에서 국가 간 불평등과 국가 내 불평등, 1990~2020년

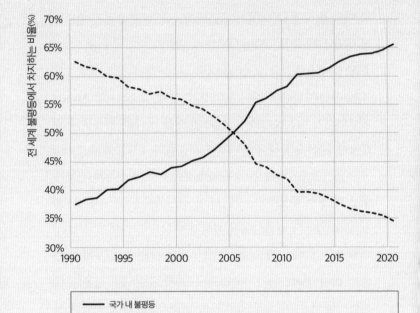

해석: 1990년에 전 세계 탄소배출 불평등의 38퍼센트는 국가 내 불평등에서, 나머지 62퍼센트는 국가 간 불평등에서 기인했다. 2020년에 이 비율은 완전히 뒤바뀌었다. 지금은 전 세계 탄소배출 불평등이 주로 국가 내 불평등에서 기인한다.

출처: Chancel(2021). 더 자세한 내용은 www.lucaschancel.info/insoutenables를 보라.

으면서 중국의 CO2e 배출 평균치가 유럽과 북미 수준에 근접한 것이다. 유럽과 북미의 배출량 증가 속도는 경제성장 둔화와 에너지 효율을 높이려는 노력 덕분에 과거에 비해 떨어졌다. 하지만 그동안 국가 내 소득불평등이 심화됨에 따라 국가 내 CO_2 배출 불평등도 심화된 것이다. 1990년에는 전 세계 탄소배출 불평등의 3분의 1이 국가 내 불평등에서 기인한 것이었지만 현재 이 비율은 3분의 2로 늘었다. 이 첫 번째 발견은 책임의 몫을 따지고자 할 때 국경이라는 문제를 재고하는 것이 얼마나 중요한지 일깨운다.

두 번째로 주목할 만한 결과는 지난 15년간의 CO2e 배출량 증가가 세계 인구에 매우 불균등하게 분포한다는 것이다. [그림 14]는 세계 수준에서 탄소배출량에 따라 구분한 집단들의 배출량이 각각 어떻게 증가했는지 보여준다. 구체적으로는 1990년 기준 세계 인구를 가장 배출이 적은 집단에서 가장 배출이 많은 집단까지 구분해보았다. 이 분류는 부를 기준으로 한 분류와 거의 겹친다. 공해를 가장 많이 배출하는 집단은 가장 돈이 많은 집단이고, 그 역도 성립한다. 우리는 그다음에 최상부의 불평등이 어떻게 진행되는지 알아보기 위해 세계 인구를 공해 배출량 기준으로 100개 집단으로 쪼개고 배출량이 가장 많은 100번째 집단은 더 작게 나눠 배출량 증가를 추적해보았다. 결국 이 일은 1990년에서 2020년까지 이 집단들 내에서 개인 평균 배출량이 어떻게 늘어나는지 관찰하는 것이었다.

우리는 해당 기간 1인당 배출량이 세계 인구 중 하위 70퍼센트는 25~35퍼센트밖에 늘지 않았음을 확인했다. 이들은 주로 신흥국의 서민층과 중산층으로, 이 기간에 생활 수준이 높아지고 탄소발자국도 늘었지만, 그 이후 분위에서는 그래프가 급강하한다. 탄소배출 증가율이 플러스에서 마이너스로 떨어졌다는 것은, 세계 인구의 일부는 1990년 이후로 1인당 탄소배출량이 오히려 줄었다는 뜻이다. 그들은 주로 산업국가의 서민층, 중산층이었다. 에너지 전환 정책과 소득의 상대적 정체 때문에 이 집단의 탄소발자국은 1990년 이후 10~20퍼센트 줄어들었다. 그래봤자 이 정도로는 지구온난화를 1.5도, 아니 2도 높아지는 수준으로 제한하기에 어림도 없다. 이 목표를 달성하려면 유럽 국가들의 탄소배출량을 평균 75퍼센트는 줄여야 한다. 그렇지만 세계 인구의 일부나마 환경에 이로운 방향으로 걸어왔다는 이 발견은 여전히 중요하다. 그러나 세계에서 가장 부유하고 탄소를 가장 많이 배출하는 상층부의 사정은 영 딴판이다. 상위 5퍼센트는 부자나라에 살든 가난한 나라에 살든 1990년 이후로 탄소배출량이 늘었고 특

그림 14 탄소배출량에 따라 구분한 집단별 1인당 배출량 증가(1990년 대비 2020년)

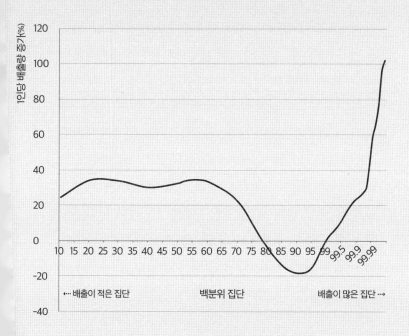

해석: 세계에서 탄소를 가장 많이 배출하는 최상위 0.01퍼센트(백분위 99.99) 집단의 1인당 배출량은 1990년에서 2020년 사이에 100퍼센트 이상 증가했다.

출처: Chancel(2021). 더 자세한 내용은 www.lucaschancel.info/insoutenables를 보라.

히 최상위 집단에서는 폭발적으로 증가했다. 이 사실은 우리가 앞에서 제시한 주장, 즉 세계의 탄소배출 불평등은 점점 더 국가 내 불평등의 문제가 되어가고 있다는 주장과 일치한다.

　세 번째 주목할 만한 결과는, 개발도상국 중위층과 상위층의 CO_2e 배출량이 늘어 선진국을 거의 따라잡았음에도, 세계 수준에서 CO_2e 배출량은 심하게 집중되었다는 것이다. 중위층의 1인당 배출량은 평균 6.1톤이지만, 상위 10퍼센트 집단은 평균 28톤(전 세계 배출량의 46퍼센트)을 차지했다. 반면 하위 50퍼센트 집단은 평균 1.5톤을 배출해 이 공해에서 차지하는 책임이 13퍼센트에 불과했다. 그리고 탄소배출량이 가장 많은 집단들에서 선진국과 빈곤국의 차이는 없었다. 사실 [그림 15]를 보면 알 수 있듯이 세계 수준에서 탄소배출량이 가장 많은 집단에는 신흥국 국민 비율이 매우 높다. 이 사실은 '가난한 자 뒤에 숨기hiding behind the poor'[18] 이론의 지지자들에게 힘을 실어준다. 그러나 선진국 국민이 여전히 이 최대 배출 집단에서 3분의 2를 차지하는 이상, 선진국이 이 집단의 지정학을 앞세워 자신들의 책임을 축소할 수는 없다.

---

18 Shoibal Chakravarty & M. V. Ramana, "The hiding behind the poor debate. A synthetic overview", op. cit.

그림 15 탄소배출의 지리적 분포, 2020년

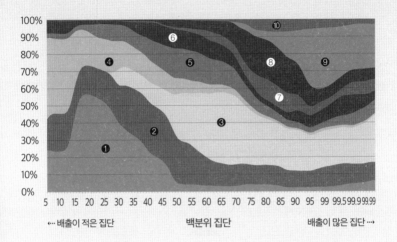

❶ 인도 **❷** 그 외 아시아 지역 **❸** 중국 **❹** 사하라 **❺** 라틴아메리카 이남 아프리카 **❻** 중동, 북아프리카 **❼** 중앙아시아 **❽** 유럽 **❾** 북아메리카 **❿** 그 외 부자나라들

해석: 세계에서 탄소배출량이 가장 적은 하위 10퍼센트 집단에서 약 25퍼센트는 인도인이다. 세계에서 탄소배출량이 가장 많은 상위 1퍼센트 집단에서 약 30퍼센트는 중국인이다.

출처: Chancel(2021). 더 자세한 내용은 www.lucaschancel.info/insoutenables를 보라.

전 세계 CO_2e 배출 불평등을 이런 식으로 나타내보면 중요한 정치적 문제가 대두된다. 국가 대 국가의 토론이라는 원칙을 바탕으로 조직된 국제사회의 틀 안에서 다양한 사회 집단의 책임을 다룰 수 있을까? 쉬운 일은 분명 아니겠지만, 3부에서는 이러한 결과를 '정책에 반영하기 위해' 고려할 방안이 있음을 살펴볼 것이다.

결론

2부에서는 세 가지 형태의 환경불평등을 살펴보았다. 자원에 대한 접근 불평등, 위험에 대한 노출 불평등, 환경의 질적 저하에 따른 책임 불평등이 그 세 가지 형태다. 여기서 여러 가지를 배울 수 있다. 일단 경제적 불평등은 환경불평등을 상당 부분 결정짓는다. 가장 가난한 사람들은 (에너지 같은) 상품으로서의 천연자원에 접근하기 힘든 반면, 환경 위험에는 항상 더 많이 노출되고 피해에는 더 취약하다. 게다가 경제적 불평등은 온실가스 배출 불평등에도 결정적으로 작용한다. 경제적 불균형이 심화되는 경향은 환경정의라는 면에서도 결코 이롭지 않다.

　한편 환경불평등은 기존의 경제 및 사회 불평등을 확대하는 경향이 있다. 제한된 양의 에너지에 대한 불평등한 접근은 경제발전, 사회, 건강에 부정적 영향을 끼친다. 선진국에서든 신흥국에서든 공해 및 환경 위험과 그 결과에 대한 불평등한 노출은 그 나라에 이미 존재하는 사회경제적 불균형을 존속시키고 강화한다. 따라서 환경의 질적 저하는 사회경제적 불평등을 만들어내는 데 점점 더 결정적 요인이 되고 있다.

　결과적으로 환경을 보호하면서 경제적 불평등을 줄이는 것이 중요하다. 이 두 목표 중 어느 한쪽을 앞세워 다른 쪽을 희생해서는 안 된다. 그래도 문제는 남는다. 환경보호는 다양한 형태를 취할 수 있고 그 모든 형태가 경제적 불평등이라는 관점에서 중립적이지는 않다. 어떤 환경 정책은 기존의 사회경제적 불평등을, 적어도 한동안은, 강화하는 결과를 초래할 수도 있다. 역으로, 빈부격차 해소 정책이 환경에 바람직하지 않은 영향을 미칠 수도 있다. 이러한 대립을 어떻게 뛰어넘을 것인가?

3부

사회 정책과
환경 정책에
대하여

6장

유한한 세계에서 불평등을 줄인다는 것

이 책의 1부와 2부에서는 경제적 불평등, 환경 불의, 지속 가능한 개발을 연결하는 메커니즘들을 파헤치고자 했다. 이제 이 다양한 형태의 불평등이 상호작용함으로써 불거지는 문제들에 답해보자. 이 책이 모든 답을 내놓는다고 주장할 수는 없다. 우리는 단지 이 문제들에 대한 공적 토론에 도움이 될 작업의 세 가지 축을 제시하려 한다.

첫째, 에너지, 수도, 대중교통 같은 공공서비스의 친환경적 전환에 막대한 투자가 필요하다. 이러한 인프라에 대한 투자에는 공공의식 고취, 조기교육, 환경보조금 지원 등을 통해 개인이 생각하는 안녕감의 기준을 바꾸려는 노력도 수반되어야 한다. 둘째, 환경을 고려하는 조세 제도를 바탕으로 삼아야 한다. 이러한 제도가 잘 마련되면 환경도 보호하고 불평등도 완화하는 강력한 수단이 된다. 셋째, 환경불평등을 공적 토론의 중심에 두는 것이 중요하다. 그러자면 몇몇 국가에서 선례를 마련한 것처럼 일단 공개적이고 투명한 불평등 측정 시스템이 마련되어야 할 것이다.

경제적 희소식과 지구에 미치는 나쁜 결과

[그림 14]의 '뒤집힌 U'자 곡선은 세계 중산층의 출현을 보여 준다. 경제적 관점에서 이것은 희소식에 가깝다. 신흥국과 개발도상국에서 이 계층은 그럭저럭 양호한 삶의 수준에 도달했다. 그러나 기후의 관점에서 보면 이 곡선은 그저 공포 자체다. 신흥국 중산층의 역사적 약진은 지구를 파괴하면서 이루어지고 있으니까.

하지만 국가 내 불평등 감소가 기후 문제의 실제 관건임을 모두가 받아들이지는 않는 듯하다. 일례로, 미국 워싱턴에 소재한 영향력 있는 싱크탱크인 브루킹스연구소의 호미 카라스Homi Kharas는 빈곤 탈출이, 곧 삶의 수준이 좋아졌다고 CO_2e를 더 많이 배출하는 것은 아니라고 주장한다.[1] 그의 주장에 따르면, 개발도상국의 빈곤층이 살아가는 방식이 중산층의 생활 방식보다 공해를 곧잘 더 많이 일으킨다. 왜냐하면 가난한 사람들은 매우 비생산적인 방법으로 농사를 짓기 때문에 CO_2e를 더 많이 배출한다는 것이다. 이러한 주장은 '쿠즈네

1　Homi Kharas, "Émergence d'une classe moyenne mondiale et d'une économie à faible émission de carbone", Regards sur la terre(2016).

츠 환경곡선'이라는 허울뿐인 이론을 다시금 생각나게 한다. 그러나 우리가 앞에서 제시한 연구들의 결론은 명쾌하다. 개인이 (국내 및 국외에서) 배출하는 CO_2e 전체를 고려해보면 아프리카, 유럽, 아메리카를 막론하고 그 어디서나 생활 수준이 높아질수록 공해 배출은 늘어난다.

어떤 연구자들은 이와 비슷한 사고에 입각해 미국 같은 나라에서 소득이 좀 더 평등하게 분배된다면 국가의 CO_2e 배출량이 자동으로 줄어들 것이라고 주장한다.[2] 인터넷에 올려놓은 부록을 보면 알겠지만[3] 그러한 주장은 특정 조건에서만 유효하거니와 현실에서 검증되지 않았다. 사실 소득 재분배는—다른 조건들이 동일하게 유지된다고 할 때—총배출량을 늘리는 경향이 있다. 다시 말해, 국가는 '다른 조건들이 동일하게' 유지되지 않게끔 개입하는 것을 막을 수는 없다는 것이다! 현 사회에 통용되는 소비 방식을 수정하고 에너지 집약도를 조절하는 것은 실제로 가능하다. 가령 지역에서 친환경적으로 재배하는 채소를 구매할 수 있는 바우처를 저소득 가계에 표적 지원한다면 그러한 재분배 수혜자들의 에너지

---

2 Éloi Laurent, "Inequality as pollution, pollution as inequality", op. cit.

3 www.lucaschancel.info/insoutenables

집약도를 줄일 수 있을 것이다. 하지만 이러한 정책도 얼마든지 비판받을 수 있다. 일단 정책의 수혜자들부터, 정부 지원금을 각자의 형편과 바람에 맞게 쓸 수 있는 것이 아니기 때문에 보호를 가장한 간섭이라고 생각할 여지가 있다. 근본적으로 다른 접근법은, 두 정책 방향을 동시에 전면에서 끌고 가는 것이다. 한쪽에서는 불평등을 완화하는 전형적인 사회정책, 즉 사회국가의 역량을 강화하거나 누진세를 강화하는 정책을 실시한다. 다른 한편에서는 특정 계층을 표적화하지 않는 환경 정책을 실시한다. 이 경우에 제기되는 문제는 한쪽 목표가 다른 쪽 목표를 희생시키지 않으면서 실현되려면 정책들을 어떻게 조율해야 하는가다.

생태계에 미치는 영향을 최소화함으로써 불평등을 완화하라

의사결정권자들이 불평등을 완화하기 위해 사용할 수 있는 다양한 수단 중에서 생태 전환의 관점에서 가장 나은 것은 무엇인가? 이 질문에 정확히 답하려면 실증적이고 정량적인 연구가 더 많이 필요하겠지만 이미 방향을 제대로 잡기 위해 참고할 만한 단서들은 알려져 있다.

선진국과 마찬가지로 신흥국과 저소득 국가에서도 공공서비스 개선은 환경을 보호하면서 빈곤층의 생활 수준을 피부에 와닿게 끌어올릴 수 있는 주요한 수단이다. 특히 에너지 보급망, 상하수도망, 대중교통수단이 중요한 역할을 한다.

공공서비스와 에너지협동조합

스웨덴의 사례는 이러한 관점에서 각별히 흥미롭다. 스웨덴 정부는 1970년대부터 재생에너지를 사용하는 도시 난방 네트워크를 대대적으로 개발해왔다. 이러한 설비는 가계 소비를 절감한 것은 물론, 개별 난방 시스템보다 에너지 효율이 좋아서 CO_2e 배출도 감소시켰다. 게다가 1990년대 초에 탄소세가 도입되면서 에너지 가격이 상승했을 때도 이 난방 네트워크 덕분에 에너지 공급원을 바꾸기가 수월했던 터라 재정적 불이익이 없었다. 빈곤층은 상위층에 비해 소득에서 에너지 비용이 차지하는 비중이 높기 때문에 이 정책의 가장 큰 수혜자는 바로 그들이었다.

오늘날 스웨덴이 난방에 사용하는 에너지의 4분의 3은 재생에너지(혹은 쓰레기로 만드는 바이오에너지)이고 난방 네트워크는 지방자치단체와 연계된 공공기구가 소유, 관리한다. 스웨덴의 발 빠른 대규모 투자는 국민 전체, 특히 빈곤층의 에너지 비용을 줄여주었을 뿐 아니라 기후변화와 싸우는 중요한 수단이 되었다.

게다가 1부에서 지적했듯이 국유 자산이 갈수록 감소하는 추세에서 그 같은 투자는 공공자산의 감소를 저지하고 민간 자산의 극단적 증가를 완화하는 효과도 있었다. 민간자산의 증가 자체가 나쁜 것은 아니지만, 그러한 추세가 최근 몇 년 사이 부가 극히 일부의 개인들에게 집중되는 결과를 낳은 탓에 부의 분배와 상속세라는 영역에서 새로운 쟁점을 불러일으킨다는 점을 기억하자.

우리는 미래의 에너지 인프라가 국가의 것이 아니면서도 자산의 좀 더 공정한 분배라는 의미에 걸맞은 또 다른 형태로 소유될 수도 있다고 생각한다. 가령 안드레아스 루딩거 Andreas Rudinger와 노에미 푸아즈Noémie Poize는 독일에서 에너지 생산을 탈중앙화하는 인프라에 상당한 투자가 이루어졌음을 보여주었다. 이렇게 다수의 개인이 난방이나 전력 생산 협동조합에 투자함으로써 풍력, 태양광 패널, 바이오매스 전력발전소 등을 공동 관리하고 고객들에게 에너지를 분배하기도 하는 구조가 마련될 수 있다. 재생에너지로의 전환이 확대됨에 따라 이러한 투자의 가치는 더욱 커질 것이다.

독일의 에너지협동조합 관리 모델은 사회 형평성이라는

면에서 특히 바람직하다. 전략적 결정이 자본의 크기에 좌우되는 전형적 민간 에너지기업과 달리 '1인당 1표 행사'라는 원칙에 따라 이루어지기 때문이다. 게다가 조합원 회비가 100유로 전후로 그리 비싸지 않기 때문에 이런 유의 국민 투자는 폭넓게 열려 있다.

더욱이 이 모델은 성공을 거두었다. 2000년 이후로 만들어진 재생에너지 설비의 절반 가까이는 시민들이나 농민들이 협동조합 형태로 관리하고 있다. 반면 전형적인 에너지기업들이 신규 설비에서 차지하는 몫은 7퍼센트에 불과하다. 에너지협동조합이 태양광 패널을 몇몇 집이 나눠 쓰는 정도의 소규모 프로젝트에 국한되지 않는다는 점도 흥미롭다. 독일에서 가장 큰 에너지협동조합의 경우, 조합원이 3만 8,000명이고 여기서 전기를 공급받는 고객이 3만 4,000명이다. 2000년 이후 국민들이 이러한 에너지협동조합에 투자한 금액은 도합 200만 유로다. 요컨대 협동조합 모델은 확장 가능하다는 것이 입증되었다.

이러한 성공을 무엇으로 설명할 수 있을까? 독일에는 협동조합 모델이 익히 알려져 있기도 했고(독일 국민의 4분의 1은 식품, 농업, 교통 관련 협동조합에 가입해 있다), 정부가 재생에너지 생산을 격려하는 차원에서 이러한 조합 사업에 저금리 대출을

해주고 규제 및 재정 환경을 안정적으로 마련하는 등 결정적
역할을 해주었기 때문이다.

생활용수 확보를 위한 지역 공공서비스

상하수도망은 환경보호와 불평등 감소에 매우 중요한 역할
을 한다. 역사적으로 북미와 유럽에서 수도를 처음 개설하고
물을 공급한 것은 민간사업자들이었다. 하지만 그들은 사회
구성원 전체에게 물을 공급하는 수준까지 가지 못했고, 19세
기 후반 치열한 산업화와 도시화 속에서 콜레라 같은 역병이
창궐했다. 이 민간기업들은 점진적으로 공공서비스, 특히 지
방자치정부의 공공서비스로 대체되었다. 루스벨트의 뉴딜 정
책은 미국에서 민간 상수도 사업에 종지부를 찍었다. 1930년
대 말에 이르러 상수도망은 거의 모두 국가의 것이 되었다.
이로써 전 국민에게 물을 공급하면서도 전염병을 제한할 수
있었다. 지금도 미국에서 지방자치정부의 90퍼센트는 상수
처리, 공급, 하수 처리 시설을 자체 소유하고 있다. 공공성은
선진국 대부분의 규준이기도 하다. 선진국 인구의 약 80퍼센
트는 공공사업자가 제공하는 물을 마신다. 수십 년 전부터 수
도사업을 민간으로 이전하려는 시도가 있긴 했지만 이 분야
는 여전히 대부분 공공 영역으로 남아 있다.

어째서 선진국들이 상하수도에 한해서는 이토록 공공사업을 선호하는가? 경제학의 표준이론이 우리의 이해를 도울 것이다. 이 이론에 따르면 자연 독점 상황에 경쟁을 도입하면 비용이 감소하기는커녕 도리어 늘어난다(수도관은 하나만 있으면 되는데 나란히 하나를 더 설치하는 것은 낭비다). 소유권 이론과 거래비용 이론은 상하수도망 같은 자연 독점을 민간사업화하려면 사업자가 수익을 전부 취하지 않도록 정부의 통제가 고도화되어야 하는데 그러한 통제도 비용이 만만치 않다는 것을 가르쳐준다.

더욱이 실제로 미국에서 지난 수십 년 사이에 이 분야를 민영화했던 지방자치정부들은 사용자들의 비용은 줄지 않는데 서비스의 질은 크게 떨어진다는 이유로 결국 다시 공공화를 택했다.[4] 이러한 서비스 저하의 일차적 피해자들은 (생수를 따로 사 마신다든가 하는) 다른 대안이 없는 빈곤층이다.

수도와 쓰레기 처리 설비가 아직 완전히 갖추어지지 않은 저소득 국가들에서는 일반 국민 누구나 물을 공급받으리라

---

4 Mildred Warner, "Privatization does not yield cost saving", Belé Balanyá, Brid Brennan, Olivier Hoedeman, Satoko Kishimoto & Philipp Terhorst(dir.), *Reclaiming Public Water. Achievements, struggles and visions from around the world*(TNI, 2005).

는 보장이 없다. 이 국가들은 실제로 그러한 서비스를 제공할 역량이 부족했고 1980년대 초부터 민영화를 장려하는 이데올로기가 팽배했기 때문에 공공 상하수도 시스템은 오히려 비난받았다. 지난 몇십 년 사이에 개발은행들은 공공 부문에 대한 비난을 발판 삼아 다국적기업들과 손잡고 저소득 국가들에 민간 서비스망을 개발하는 데 이바지했다(특히 이 기업들 중에는 프랑스의 물 관리 기업 수에즈와 베올리아가 포함되어 있다). 그렇지만 이 민간 개발업체들도 서비스 품질이나 빈곤층의 접근 가능성이라는 점에서 만족스러운 사업을 하고 있지 못하기는 마찬가지다.[5]

　실상은 저소득 국가라고 해서 양질의 서비스와 지역 수자원의 공공 관리가 양립 불가능한 것은 아니다. 적어도 수많은 신흥국, 특히 브라질의 포르투알레그레, 레시페, 또한 상파울루주의 도시들에서, 그리고 다른 나라, 가령 인도의 카르나타카주 도시들이나 가나의 도시들에서 실제로 관찰된 바로는 그렇다. 이 도시들은 사용자들과 함께 투자 결정을 내렸기 때문에 사회정의라는 목표에 대한 고려가 좀 더 잘 보장되었다.

5　Belén Balanyá et al. (dir.), *Reclaiming Public Water*, op. cit.

실제로 비용 관리와 서비스의 보편화라는 점에서 상당한 발전이 나타났다.

부유한 국가에서 지방자치단체 물 관리 모델의 성공과 최근 개발도상국에서 본 이 사례들은 상수도 공공서비스가 바람직한 선택지일 뿐 아니라 다가올 수십 년 동안 양질의 서비스, 경제적 효율성, 가장 필수적인 천연자원에 대한 민주적 접근까지 보장할 수 있는 방법임을 보여준다.

미래의 공공 대중교통

정부는 대중교통수단(버스, 지하철, 카셰어링 등)에 투자하면 환경을 보호하는 동시에 사회 정책을 실시할 수 있다. 인도 같은 신흥국은 특히 더 그렇다. 뉴델리 교외에 사는 노동자를 예로 들어보자. 이 사람은 하루 아홉 시간 일을 하고, 출근에 버스로 한 시간 반, 퇴근에 또 한 시간 반이 걸린다. 실제로 뉴델리에서, 그리고 신흥국이든 아니든 세계 여러 나라에서 수백만 노동자들이 이러한 삶을 살고 있다. 인도의 버스요금은 노동자에게 매우 비쌀 뿐 아니라(세계은행 보고서에 따르면 최저임금의 25퍼센트 수준이다[6]) 이렇게 버스에서 보내는 시간을 총노동시간에 붙는 25퍼센트의 세금으로 생각할 수 있다(일을 하기 위해 쓰는 하루 열두 시간 중에서 출퇴근에 소요되는 세 시간은 보수가 전혀 지급되지 않는다). 실제 교통비와 이 가상의 세금(일종의 '세전 세금')을 합치면 노동으로 벌어들이는 돈의 40퍼센트가 넘는다.

뉴델리는 현재 인구가 약 3,000만 명이고, 이륜차와 사륜차를 합치면 1,200만 대, 그중 자동차는 300만 대 이상이다. 전문가들의 예측에 따르면 앞으로 10년 후에 뉴델리의 자동차는 1,000만 대를 넘을 것이라고 한다. 대중교통에 대한 투자는 환경에 치명적일 수 있는 개인 차량의 과도한 증가를 막을 수 있거니와 빈곤층과 중산층의 교통비 부담을 덜어줄 수 있다. 그렇지만 대중교통에 대한 투자만으로는 충분치 않다.

사회적 규준을 어떻게 바꾸어나갈 것인가?

자동차는 탄소발자국을 크게 남기는 재화나 서비스가 으레 그렇듯 단순한 이동수단이 아니라 생활 수준을 과시하는 수단이기도 하다. 차를 사는 데는 실용적이고 경제적인 이유도 있지만 어떤 사회 계층에 대한 소속을 드러내려는 이유도 곧

6　Robin Carruthers, Malise Dick, & Anuja Saurkar, "Affordability of public transport in developing countries", Transport Papers, World Bank Group(2005).

잘 작용한다. 극작가 아서 밀러Arthur Miller는 『세일즈맨의 죽음
Death of a Salesman』에서 아메리칸드림과 그 한계를 이야기하는
데 특히 주인공의 자동차에 중요한 의미를 부여한다. 세일즈
맨의 자동차는 일의 도구이자 개인적 자유, 이동, 사회적 상
승이라는 꿈을 구체화한다. 작품 속에서 이 자동차는 환멸의
벽에 부딪혀—비유적인 의미에서나 실제로나—부서지고
만다. 마찬가지 맥락에서, 개발도상국에서 자가용은 중산층
에 대한 소속감과 연결되어 있다. 게다가 연구자들도 자가용
소유 인구의 수가 때때로 파악하기 어려운 중산층 규모를 추
정할 때 도움이 된다고 본다.[7]

중산층에 대한 소속감과 자가용 소유의 관계는 지구를 생
각하는 관점에서는 재앙일 뿐이다. 자동차 생산에서 발생하
는 에너지 간접 소비가 자동차가 7만 5,000킬로미터를 주행
할 때의 직접 소비와 맞먹는 상당한 양이라는 것을 기억하자.
또한 이 관계는 대중교통에 대한 국가의 투자 여력을 제한한
다. 대중교통은 환경보호에 결정적 요소임에도 말이다. 실제
로 중산층이 대중교통은 서민층만 이용하는 것이라는 의식

---

7   Uri Dadush & Shimelse Ali, "In search of the global middle class, A new index", *The
Carnegie Papers*(2012).

을 갖고 있다면, 세금이 대중교통에 투입되는 것을 달가워하
지는 않을 것이다. 그러므로 정부 입장에서도 재력과 사회적
소속에 대한 국민 의식을 변화시켜 탄소배출이 적은 차량과
대중교통 사용을 장려하는 편이 이롭다.

　이러한 사회적 규준을 어떻게 변화시킬 것인가? 뉴델리나
뭄바이는 지하철이 생긴 지 얼마 안 됐거니와 이 두 거대도
시의 크기에 비하면 아직 미비한 수준이다. 최근에는 상류층
을 잡기 위해 지하철에도 일등석을 마련하자는 의견이 있었
지만 상류층은 차창을 선팅한 사륜구동 자동차를 더 좋아한
다. 일부는 그러한 조치가 인도 사회의 불평등을 땅속으로까
지 연장하려는 시도라고 일리 있는 비판을 했다. 반면 어떤
이들은 효과적인 지하철 마케팅전략이라고 보았다. 엘리트층
이 대중교통을 이용한다면 중산층에게 차가 꼭 있어야만 부
자는 아니라는 메시지가 자동으로 전달되리라는 것이다! 이
러한 관점에서는 일등석 신설이라는 제안이 말이 안 될 것
도 없다. 이것은 다양한 사회 계층의 소비 방식에 대한 생각
을 바꿔보려는 시도다. 이 방법이 새로운 것은 아니다. 루이
16세 시대의 농학자 앙투안오귀스탱 파르망티에Antoine-Augustin
Parmentier가 18세기에 감자를 프랑스에서 대중화하기 위해서
사용한 방법도 다르지 않았다. 그는 일부러 감자밭을 낮에만

지키게 하고 밤에는 경비를 해제했다. 마을 농민들이 궁정에서만 먹을 수 있다는 이 작물을 몰래 가져갈 수 있게 말이다.

인도의 두 도시에서 홍보캠페인을 잘 짜면(가령 자동차의 불편함이나 대중교통을 이용함으로써 커질 수 있는 구매력을 오히려 강조한다면) 땅 위에서 자행되는 불평등을 땅속에 재생산하지 않고도 안락함에 대한 사회적 의식을 바꿀 수 있을 것이다. 뉴델리 대중교통 당국은 결국 일등석 아이디어를 포기했다. 하지만 뭄바이에서는 이 제안이 실현될 날이 올지도 모르겠다. 어쨌든 이 논의는 적어도 사회적 규준이 환경에 미치는 영향을 생각해보게 한다는 점에 의미가 있다.

특정한 이동 방법이나 에너지소비에 대한 낙인화가 저소득 국가나 신흥국의 전유물은 아니다. 유럽이나 미국의 도시 주변 지역들에서 가장 친환경적이고 경제적인 이동 방법은 카셰어링이다. 하지만 카셰어링에는 여전히 '돈 아끼기' 이미지가 따라다닌다. 정부는 카셰어링을 위한 도시계획 설비에 투자하는 것은 물론, 이러한 이동 방법이 사회적으로 매력 있게 받아들여지게끔 중요한 역할을 해야 한다.

라디오에서 물이나 에너지를 아끼자는 공익광고를 들어보았을 것이다. 공익광고는 좋은 것이다. 그렇지만 바람직하지 않은 소비를 부추기는 광고들이 넘쳐나는 와중에 그러한 공익광고는 어떤 위치를 차지하는가? 지속 가능한 소비에 대한 대중적 메시지를 텔레비전 채널이나 소셜네트워크 중심으로 전달하는 동시에, 학교에서 어린이와 청소년 세대에 대한 교육으로 내실을 다져야 할 것이다. 현재 홍보와 광고 현장은 민간 경제주체들에게 맡겨져 있다시피 하지만 공공정책 쪽에서도 해야 할 일이 엄청나게 많다. 물론 민간 경제주체들은 환경보호와 사회정의에 대해서 공공 경제주체들과 같은 목표를 갖고 있지 않다.

주택 에너지 정비

또 다른 수단이 개인의 탄소발자국과 가계의 예산 제약을 동시에 줄일 수 있다. 겨울의 추위와 여름의 더위를 막아줄 수 있는 주택 에너지 정비사업이 바로 그것이다. 현재 에너지 관련 전문가들은 탄소배출을 줄일 수 있는 비용편익이 가장 좋은 조치 중 하나가('최고의' 조치일지도 모르지만) 바로 이 사업이라고 말한다. "가장 저렴한 에너지는 우리가 쓰지 않은 에너지다"라는 말도 있지 않은가. 정부는 이러한 사업에서 특히 중요한 역할을 한다. 빈곤한 가계들이 가장 먼저 이러한 정비의 수혜자가 될 수 있지만 한 집당 수만 유로나 되는 비용을 그들이 감당할 여력은 없다.

빈곤층 맞춤 주택 에너지 정비사업은 사회·환경 정책의 좋은 예다. 이 경우 에너지소비도 줄일 수 있고, 가계는 비용 절감으로 인한 여유 자금이 생길 뿐 아니라 가스, 휘발유, 전기 요금 인상에도 타격을 덜 받는다. 하지만 이러한 투자 비용을 어떻게 감당할 수 있을까?

첫 번째 답은 정부 총예산이다. 사회 전체와 미래 세대에 도움이 되는 사업을 지원하는 것이 국가의 역할이다. 프랑스나 영국 같은 나라들은 빈곤층 가계에 한하는 조건으로 지원을 하고 있다. 하지만 전반적인 에너지소비 감소 효과를 보기에는 이 사업의 속도가 여전히 너무 느리다. 파리 지역에서는 지방자치정부, 주립 은행 등의 제3자가 나서서 개인이 비용을 들이지 않고도 에너지 효율을 높이는 주택 정비를 할 수 있도록 제안한다. 사업자는 가계 소비에서 절약되는 몫으로 정비 비용을 장기간에 걸쳐 상환받는다. 가계가 비용 상환이 끝날 때까지 예전과 같은 에너지 요금을 부담하면 정비사업으로 절감된 차액은 사업자에게 가는 것이다. 이 방법을 '제3자 파이낸싱'이라고 부른다. 상환이 마무리되고 나면 개인들이 저비용과 더 나은 단열 효과를 온전히 누릴 수 있다.

제3자 파이낸싱의 성공 사례는 여러 개발도상국에서, 특히 이 문제의 최전선에 있는 국가들에서 찾아볼 수 있다. 예를 들어 튀니지나 인도에서 이와 비슷한 프로젝트는 저소득 가계들이—대부분 비용 장벽 때문에 재생에너지 기술의 혜택을 보지 못했던 가계들이—좀 더 효율적인 에너지 설비와 태양광 패널을 이용할 수 있게 해주었다.

에너지 사용에 대한 대중의 의식 바꾸기

그렇지만 에너지 설비 사업의 경우 반동효과가 일어날 수 있다고 여러 연구가 지적했다. 효율을 높여서 절약한 만큼 에너지소비가 도리어 늘어난다는 것이다. 실제로 난방설비의 질이 높아질수록 안락하다고 느끼는 실내 온도는 높아진다. 이 때문에 프랑스에서는 설비를 개조한 후에도 예상했던 에너지소비 감축량의 30퍼센트는 실현되지 않았다.[8] 형편이 열악한 가계들이 실내 온도를 약간 높이는 정도는 물론 이해할 만하다. 하지만 실내 난방 온도가 합리적인 수준을 넘어서는 경우가 점점 더 많이 보인다. 따라서 정부 사업으로 에너지 설비 지원을 받은 가계들에 에너지소비 적정 수준을 교육해 소비 방식의 실질적 변화를 꾀하는 것이 중요하다.

8　Anne Dujin, "Comment limiter l'effet rebond des politiques d'efficacité énergétique dans le logement?", Credoc(2013).

그렇지만 사회보장 체계를 갖춘 국가들에서도 생태 전환과 지속 가능한 개발에 대한 사회복지사들의 인식은 매우 제한되어 있다. 한편 에너지 전환을 주도하는 사람들도—대부분 기술적 전문가들이므로—사회보장의 쟁점에 대해서는 그리 밝지 못하다. 프랑스에서 티모테 에라르Timothée Érard와 마티외 소조Mathieu Saujot가 실시한 연구[9]는 이것이 에너지 효율을 꾀하는 정책들이 맞서게 되는 가장 중요한 문제 중 하나임을 보여주었다. 21세기 사회-생태 국가는 정책 노선, 정보교환, 교육이라는 면에서 여러 정부 부처(환경부, 사회복지부, 고용노동부, 기획재정부 등) 간의 시너지를 개발해야 한다.

게다가 그러한 유기적 연결은 에너지 설비 개조 차원을 넘어 탄소배출이 적은 이동 수단이나 양질의 먹거리에 대한 접근성 문제에도 강점을 발휘할 것이다. 흥미로운 사례를 유럽에서 찾아볼 수 있다. 스웨덴에서는 개인에게 지급하는 사회복지수당을 계산할 때 에너지 관련 지출을 감안한다. 그래서에너지를 실제로 절약하는 사람은 인센티브를 받는다. 에너지절약 인센티브를 원하는 사람은 사회복지사에게 신청하고,

---

9   Timothée Érard, Lucas Chancel & Mathieu Saujot, "La précarité énergétique face au défi des données", Iddri(2015).

사회복지사는 그들의 주택, 교통, 그 외 조건과 결부된 에너지 관련 지출을 평가한다. 이러한 데이터가 형편이 어려운 가계에 지급하는 지원금 총액에 반영된다.[10] 독일에서는 에너지 관련 지원이 실업수당에 포함된다. 다시 말해, 스웨덴뿐만 아니라 독일도 개인이 사는 동안 처할 수 있는 여러 '위험' 중에 에너지 관련 차원을 포함하는 사회보장 메커니즘을 갖춘 것이다.

그린 뉴딜은 일자리 창출 효과가 있다

우리는 에너지 접근성, 깨끗한 물, 저탄소 이동수단 같은 여러 면에서 환경보호와 공공서비스의 보편성을 지키려면 공공 부문의 역할이 중요하다는 것을 보았다. 그러한 공공 경영이 경제적 관점에서도 훨씬 효과적이라는 것이 밝혀졌으니 참으로 반가운 소식이다. 여기서 에너지 전환 인프라에 대한 투자가 고용을 크게 창출한다는 점을 짚고 넘어가는 것이

---

10 Lucas Chancel, "Quel bouclier social-énergétique?", Iddri(2013).

좋겠다. 이 문제를 다룬 다양한 연구는 건물의 열효율 설비에(혹은 대중교통망 개발에) 1유로를 투자할 때 늘어나는 고용지수가 대부분의 다른 분야에 같은 금액을 투자할 때 늘어나는 고용지수보다 높다는 것을 보여주었다. 게다가 이렇게 해서 늘어나는 일자리는 타업종으로의 이직이 흔치 않으므로 오늘날의 서비스 업종과 비교해 대체 불가능한 측면이 크다. 이 일자리들은 비교적 숙련을 요하는 제조업과 엔지니어링이기 때문에 보수도 나쁘지 않다.

이러한 논리는 미 민주당 의원 알렉산드리아 오카시오코르테스Alexandria Ocasio-Cortez나 유럽의 여러 정치인이 지난 10년 간 설파해온 그린 뉴딜에 힘을 실어준다. 지금 생태 전환 관련 활동에 대한 대대적 투자는 지구를 위해서 좋을 뿐 아니라(꼭 필요할 뿐 아니라) 그냥 경제만 생각하더라도 좋은 일이다.

물론 광산업이나 정유업 같은 일부 분야는 그린 뉴딜에 타격을 입을 수 있다. 하지만 그것이야말로 지향해야 할 목표다. 환경과 더 많은 인구의 건강을 지키기 위해서는 경제의 생산 구조 자체를 바꿔나가야 한다. 시장민주주의의 기나긴 역사는 전시戰時 외에도 정부가 국익을 위해 특정 부문에 투자하고 다른 부문은 강력하게 규제하기로 결정해야 하는 상황이 얼마든지 있음을 보여준다. 1960년대에 프랑스 정부는 원전 개발에 대규모 투자를 감행했고 그 결과 석탄, 석유, 가스를 이용한 전력 생산은 상대적으로 위축될 수밖에 없었다. 좀 더 가깝게는 1987년 미국이 오존층 파괴 가스 사용을 금지하는 몬트리올 의정서를 체결했을 때도 그러한 종류의 가스 생산에 영향이 미쳤다.

그린 뉴딜의 전체적 철학은 임금노동자를 보호하면서 공해 배출 산업을 전환하거나 없앨 수 있다는 것이다. 중요한 것은 일부 기업의 훌륭한 성과가 아니라 개인들, 임금노동자들의 안녕한 삶이다. 더욱이 폐광이나 폐원전 정화에는 그 분야에서 일했던 인력의 전문기술과 노하우도 일부분 필요하다. 지금은 공해를 배출하는 산업이지만 앞으로는 공해를 제거하는 분야의 선두가 될 수도 있는 것이다. 이것이 이 분야의 고용을 보호하는 또 다른 효과적 수단일 수 있다. 공해 배출 기업 노동자들의 능력이 생태 전환이라는 목표에 쓰이지 못하는 경우, 그들에게 새로운 직업 교육과 금융 지원을 하는 것은 사회 정책의 몫이다. 조세 제도와 공해 배출 활동에 대한 과세를 통해 그러한 조치를 지원할 수 있겠다.

환경 누진세

생태 및 사회 전환에 중요한 역할을 하는 정책들을 어떻게 재정적으로 뒷받침할 것인가? 세금은 좋은 소리를 못 들을 때가 많지만, 중대한 세 가지 역할을 한다. 공공서비스 제공에 필요한 돈을 모으고, 시장경제의 불평등을 수정하며, 공해 배출 활동을 억제하는 등 행동 교정 역할도 한다. 그런데 현실에서 이 세 번째 역할은 무슨 문제인 양 인식되곤 한다. 세금이 행동에 작용할 때는 시장이 힘을 쓰지 못하게 하기 때문이다. 그래서 노동세가 고용을 저해한다든가, 자본세가 투자를 위축시킨다든가 하는 말이 나온다.

존 메이너드 케인스John Maynard Keynes의 스승이었던 경제학자 아서 세실 피구Arthur Cecil Pigou는 유도라도 하듯 이러한 주장에 뒤집기 기술을 사용했다. 그는 세금이 진정으로 추구하는 효과가 바로 행동 교정일 수도 있다고―이 경우에는 공해 배출 행동이 교정의 대상일 텐데―지적했다. 공해 배출 습관을 고치면서 불평등까지 완화한다는 것이 쉬운 일은 아니지만 불가능하지는 않다.

뉴델리와 (10년 후에는 세 배까지 늘어날 수도 있는) 차량 300만 대의 예를 다시 들어보자. 이 도시에서 자가용에 세금을 물린다면(이를테면 매년 하는 차량 검사를 통해서) 소득 상위 15퍼센트를 표적으로 삼는 진보적 조치가 된다. 그러나 10년 후에는 자가용이 웬만한 집은 다 가지고 있는 물건이 될 것이다. 자동차세는 더 많이 걷히겠지만 진보적 성격은 덜할 것이다. 요컨대 개발도상국은 향후 몇 년간 누진세로 중대한 친환경 효과를 볼 수 있는 기회의 창이 있다. 그렇게 걷어 들인 세수를 대중교통 개발에 사용한다면 효과는 극대화될 것이다. 일단 기회의 창이 닫히고 나면 그러한 세제는 사회적으로 그다지 정의롭지 않을 수도 있고 자가용은 새로운 중산층 계급의 소비 습관에 완전히 자리 잡게 될 것이다.

탄소세 아이디어는 여러 나라에서 지지받았지만 아직 가야 할 길이 멀다. 해마다 전 세계에서 세제 혜택이나 등유 소비지원금 등을 통해 화석에너지 사용을 보조하는 데 투입되는 자금이 3,000억 유로가 넘는다.[11]

개발도상국에서 이러한 보조금은 빈곤층에 대한 지원처럼 보이지만 스웨덴 경제학자 토마스 스테르네르Thomas Sterner가

---

11 보건의료에 대한 간접 비용을 고려한다면 미국에서 화석에너지에 드는 비용은 이보다 15배 더 높은 것으로 보아야 한다. IMF는 그 금액을 4조 5,000억 유로로 추산한다. https://www.imf.org/en/News/Articles/2015/09/28/04/53/sonew070215a

보여주었듯이 실상은 주로 도시 부유층에게 혜택이 돌아간다.[12] 물론 빈곤층 가계도 조명이나 요리에 필요한 석유나 등유의 가격이 제한되므로 혜택을 얻는 셈이고, 가계 예산이 넉넉지 못한 만큼 그러한 혜택을 결코 무시할 수 없다. 그렇지만 차에 기름을 많이 넣고 냉방과 난방을 많이 쓰는 부유층이 더 보조금의 수혜를 입는다. 이 때문에 개발도상국의 소득 상위 20퍼센트가 소득 하위 20퍼센트보다 이러한 보조금 혜택을 사실상 6배나 더 받고 있다.

따라서 화석에너지에 대한 보조금을 폐지하거나 세금을 인상하는 조치는 공공 예산의 상당 부분을 보전해준다. 가령 이란에서 정부 당국은 석유 소비지원금을 중단하고 그렇게 해서 보전한 금액의 절반을 국민들의 은행 계좌에―지급 요청을 하는 모두에게―직접 넣어주었다. 인도네시아에서는 불과 몇 년 전까지만 해도 화석에너지 보조금이 국가 예산의 4분의 1이나 차지했다. 2012년 당시 이 보조금 예산이 보건사회 분야 공공지출 전체의 3배나 되었을 정도다.[13] 그러나

12 Thomas Sterner(dir.), *Fuel Taxes and the Poor. The distributional effects of gasoline taxation and their implications for climate policy*(Rootledge, 2012).
13 Asian Development Bank, "Fossil fuel subsidies in Indonesia: trends, impacts, and reforms"(2015).

이 나라는 보조금 예산을 차츰 줄이고 그만큼의 예산을 건강
보험, 교육, 빈곤층 가계에 대한 사회적 지원으로 돌리기 시
작했다. 이것은 보편적 사회보장 체계를 강화하는 동시에 화
석에너지 사용을 억제하는 점진적 개혁이다. 이것은 사회-환
경 국가의 등장으로 볼 만하다.

　부자나라들에서도 환경세 개혁은 사회적 진보에 해당하
면 해당하지, 절대로 그 반대가 아니다. 환경세는 한층 더 광
범위한 세제 개혁 프로그램에 통합되어 있을 때, 특히 그러한
개혁으로 잃을 것이 있는 사람들에 대한 보상을 마련할 때,
정치적으로 더 쉽게 받아들여진다.[14] 실제로 이 주제를 다룬
연구에 따르면, 보상 기제 없는 탄소세는 선진국에서 역진적
이고 효과가 미약한 반면(가난한 사람들이 오히려 소득 대비 부담이
크다), 세수가 직접적으로나 간접적으로(임금노동자의 사회보험료
를 낮춰준다든가 하는 식으로) 저소득 가계 맞춤 이전이 될 때 누
진적일 수 있다.

　환경세 개혁의 성공 사례는 어느 정도 찾아볼 수 있다.
1991년 스웨덴에서 처음 도입한 환경세는―지금까지도 탄

14　Jean-Charles Hourcade & Emmanuel Combet, *Fiscalité carbone et finance climat.*
　Un contrat social pour notre temps(Les petits matins/Institut Veblen, 2017).

소세의 기준이 되고 있는—전반적인 세제 개혁의 일환으로 도입되었다. 1991년에 탄소배출량 1톤당 27유로였던 세금이 지금은 120유로 수준으로 세계에서 가장 높은 편이다. 그렇지만 같은 시기에 최상위 부유층에 대한 한계세율은 감소했다. 당시의 정치적 요구에 부응하는 조치였다지만 솔직히 진보적 시스템이라고 할 수는 없다. 그렇지만 탄소세를 인상하면서 탄소발자국을 낮추는 에너지 인프라에 대규모 공공투자를 했으므로, 세금이 높아졌을 때 그러한 인프라가 납세자들에게 에너지 비용을 줄일 수 있는 여러 대안을 제공했다. 스웨덴 시스템은 에너지 비용 부담이 높은 사람들에게 사회적 지원을 제공했고, 그 덕분에 탄소세가 가장 가난한 사람들에게 피해를 입히지 않는다는 점이 중요하다.

노란 조끼 시위의 교훈

2장에서 언급했듯이 프랑스 정부는 2008년에 탄소세를 도입하려고 했다. 이 시도는 좌파와 우파 정치인들이 사회적으로 부당하다는 이유로 반대하는 바람에 실현되지 못하고 무산됐다.

그리고 몇 년 후인 2014년, 프랑수아 올랑드François Hollande 정부는 마침내 탄소세 도입에 성공했다. 어떤 정부는 실패했던 일을 어째서 불과 몇 년 후에 다른 정부는 성공할 수 있었을까? 비결은 탄소세 도입 첫해에는 1톤당 요금이 0에 가까웠다는 것이다. 덕분에 이 조치가 눈에 띄지 않게 통과되었다. 에너지 전문가들과 환경주의자들은 올랑드 정부의 절묘한 수법을 칭찬하면서 탄소세는 앞으로 조금씩 올리면 된다고 생각했다.

그 후에 그런 사회적 동요가 일어날 거라고 몇 명이나 상상했을까? 탄소세는 예상대로 인상되었지만 그동안 저소득층 및 중산층 가계에 대한 보상 기제는 충분히 마련되지 않았고 에너지 전환을 위한 투자도 이루어지지 않았다. 수백만 가계가 교통이나 난방에 드는 탄소를 저감할 대안을 찾지 못했다. 금전적 보상이 없는 상태에서 세금 인상은 그들의 불만을 자극했을 뿐이다.

결국 2018년에 일이 터졌다. 에마뉘엘 마크롱 정부가 자산에 대한 연대세[15]를 폐지하고 자본소득에 대한 세율을 낮추

15　자산에 대한 연대세(ISF)Impôt de solidarité sur la fortune는 프랑스에서 130만 유로(17억 원 상당)의 자산 보유자에게 부과하는 세금으로 흔히 '부유세'로 불린다.

는 세제 개혁 안에서 탄소세를 인상하겠다고 했기 때문이다. 그해에 최상위 소득층에서의 세수는 40억 유로나 감소했으나 (앞에서 보았듯이 저소득층과 중산층 가계에 더 부담을 주는) 탄소세는 딱 그만큼인 40억 유로가 늘었다.

프랑스 정부는 세제가 환경과 저소득층 양쪽 모두에 더 이롭게 개편되었다고 주장했으나 실제 통계를 살펴보면 그렇지 않았다. 최상위 1퍼센트는 세제 개편으로 소득이 6퍼센트 이상 높아진 것과 마찬가지 효과를 보았으나(심지어 극상위 0.1퍼센트는 20퍼센트 인상 효과를 보았다) 하위 20퍼센트는 세금을 더 내는 셈이 되었고 그 주요한 이유는 역시 탄소세 인상이었다.

전 세계 유가 인상으로 상황은 더욱 악화되었고, 저소득층과 중산층 납세자들은 정부가 부자들의 세금을 깎아준 만큼 자신들에게서 더 걷어간다는 주장을 내세웠다. 따지고 보면 근거 없는 주장도 아니었다. 실제로 저소득층 지원에 쓰인 금액은 세수의 10퍼센트도 되지 않았고 나머지는 부자들에게 주는 감세 선물로 들어갔다.

모든 것은 탄소세 동결 청원에서 시작되었다. 그러다가 하나의 운동이 탄생했고, '사회정의'는 그 운동의 핵심 단어였다. 시위대는 어째서 "부자들의 연료", 즉 항공 연료의 주성분인 등유에는 세금이 붙지 않는데 그들이 주유소에서 넣는 기름에는 꼬박꼬박 세금이 붙느냐고 항의했다. 그러한 상황이 역설적이었던 것은 사실이다. 어떤 사람은 매일 일을 하러 나가기 위해 탄소세를 물어야 하는 반면, 프랑스 남부에서 주말을 보내겠다고 파리에서 전용기를 띄우는 부자는 항공 연료에 대한 세금을 한 푼도 물지 않는다.

보상 기제의 부재와 세제 불평등에 대한 인식은 정치적 긴장 국면을 낳았고 결국 정부는 탄소세 동결을 선언할 수밖에 없었다. 노란 조끼 시위의 예는 21세기의 세제 개혁이 절대 취해서는 안 되는 방식을 가르쳐준다는 점에서 연구할 만한 가치가 있다. 정부가 서민층이 새로운 세제와 규제에 적응할 수 있게끔 지원하는 방안을 확실하게 만들어놓지 않는다면, 그러한 방안이 모든 사회집단이 에너지 전환에 필요한 비용을 각각 합당한 몫으로 짊어지게 하지 않는다면, 환경 정책은 늘 그 근본부터 재고될 위험이 있다.

실제로 탄소세 인상 말고도 다른 선택지가 있다. 앞에서 보았듯이 인도네시아는 에너지 가격 인상과 사회 부문의 지원 예산을 균형 있게 조합함으로써 국민의 지지를 얻었다. 이것은 2018년 프랑스 정부가 취했던 방법과 정반대다. 캐나다의 브리티시컬럼비아주는 2008년에 환경세에 대한 보상 기제로 중산층과 서민층 가계에 수표를 지급하는 방안을 채택했는데, 소득수준이 높을수록 지급액이 낮아진다. 환경세는 도입된 지 10년이 넘은 지금도 반대 세력의 공격에 군건하게 버티고 있다. 환경이라는 목표는 사회정의라는 목표와 함께 고려되어야 한다.

환경불평등 측정 체계

2부에서 모두가 환경 파동에 똑같이 취약하지는 않다는 것을 보았다. 우리는 이것을 환경 위험에 대한 '접근 및 노출 불평등'으로 명명했다. 그러므로 공공정책은 그러한 불평등을 줄일 방안을 제안해야 한다. 그런데 필자는 다미앵 드마일리 Damien Demailly와 함께 진행한 연구[16]에서 그러한 불평등이 여전히 정부의 시야에 제대로 들어와 있지 않다고 지적했다. 유럽에서 특히 그렇다. 가장 큰 이유는 환경불평등이 충분히 측정되지 않았기 때문이다. 적절한 평가 시스템이 없으면 이 불평등은 정치적 사안이 되지 못하고 해결될 수도 없다. 현재 중

---

16 Lucas Chancel & Damien Demailly, "Inequalities and the environment: an agenda for applied policy research", Iddri(2015).

요한 것은, 믿을 만하면서 누구나 접근 가능한 환경불평등 측정 장치를 개발하는 것이다.

　필자와 토마 피케티가 유엔기후변화회의를 앞두고 발표한 세계 온실가스 배출 불평등에 대한 보고서로 잠시 돌아가보겠다. 공식적인 기후 협상은 간접 배출(자국 영토에서 발생하는 수요를 충족시키기 위한 생산을 외국에서 할 때 발생)에 대한 책임을 다루지 않았다. 부분적으로는 지정학적 이유 때문이고(서양의 수요를 충족시키기 위해 중국에서 배출하는 온실가스까지 고려한다면 유럽과 미국은 훨씬 더 큰 책임을 져야 할 것이다) 최근까지도 신뢰할 만한 간접 배출 측정치가 존재하지 않았기 때문이기도 하다.

　측정 행위는 결코 중립적이지 않다. 측정은 정치적이다. 단, 정치적이라고 해서 반드시 정쟁거리라는 의미는 아니다. 또한 불평등을 잘 측정한다는 것이 불평등을 해결하는 데 충분조건도 아니다. 우리는 소득불평등에 대해서 이미 오래전부터 믿을 만한 데이터를 충분히 가지고 있었지만 소득불평등은 여전히 심화되는 추세다. 그러나 측정은 어떤 문제를 '정책화'하는 과정에서 대단히 중요한 단계다.

　어떤 국가들은 선례를 만들었으나 또 다른 국가들은 뒤처져 있다. 미국은 역설적으로 차별화되는 행보를 보이고 있다. 미국의 주 정부들은 최근 몇 년 사이에 환경불평등을 측정하고 지도화하는 프로그램을 호기롭게 개발했다. 그러한 프로그램은 1980년대 초부터 활발하게 전개된 환경정의 운동과 반反환경인종주의 투쟁에 크게 빚지고 있다. 그러한 운동 세력은 정부가 데이터를 수집하고 조직화하고 공표하지 않을 수 없게끔 압박했다.

이 책에서는 현재 미국에서 통용되는 두 가지 중요한 환경불평등 측정 도구를 언급하는 선에서 그치겠다. 이 도구들이 환경불평등과의 투쟁에서 미국을 선두로 올려놓았다(도널드 트럼프가 환경보호 프로그램과 그 책임 기관을 해체하려고 나서기 전까지는 그랬다). 그중 첫 번째 도구는 2005년에 수립된 환경보건추적프로그램Environmental Public Health Tracking Program이다. 이 프로그램의 목표는 다양한 연구공동체를 규합해 환경불평등과 건강에 대한 정보 수집, 교환, 추적, 분석, 유포를 원활히 하는 것이다. 미 항공우주국(NASA), 미 환경보호국(EPA), 미 질병통제연구센터(CDC) 등이 이 연구네트워크를 주관한다. 이처럼 다양한 분야 및 기관의 시너지가 환경과학에는 대단히 중요하다. 두 번째 도구는 EPA가 만든 인터넷 플랫폼 RSEI, 즉 위험 선별 환경 지표Risk Screening Environmental Indicators 모델이다. 이 플랫폼은 대중이 지역 차원에서 대기와 물에 존재하는 300개 이상의 오염물질을 모니터할 수 있게 해준다. RSEI 모델은 두 가지 면에서 이롭다. 일단 개인은 자신이 불평등의 피해자라는 사실을 자각할 수 있고, 나아가 자신의 권리를 정부나 법원에서 호소할 수도 있을 것이다. 게다가 이 모델은 정부에도 환경불평등 문제에 대한 지식을 제공한다. 실제로 이 측정 시스템은 두 방향으로 작용한다. 지역의 활동주체들이 자체 데이터를 가지고 이 도구를 사용함으로써 정부가 가지고 있지 않은 정보를 국가적 차원으로 부상시킬 수도 있다. 트럼프 집권기에 기후회의론자들이 미국에서 권력을 잡으면서 EPA라는 거대한 환경보호기관을 해체하려는 집요한 시도가 나타났던 것은 참으로 개탄스럽다. 조 바이든이 제시하는 새로운 노선은 더 나은 전망을 열어 보인다.

이러한 플랫폼은 세계적으로 드물다. 국토 크기로 보나, 공해에 대한 정보의 상세함으로 보나, 도구의 투명성으로 보나 비견할 만한 대상이 없다. 그래도 유럽의 몇몇 국가에서도 성과가 있긴 하다. 가령 지역 및 국가 차원의 환경불평등 측정과 지도화 플랫폼은 프랑스에서도 선보였다. 보건, 환경, 산업, 사회, 경제, 지리 정보를 수집해 1평방킬로미터라는 세세한 수준에 교차 배치한다는 것은 매우 복잡한 작업이다. 쥘리앙 코드빌Julien Caudeville이 지적했듯이[17] (다른 여러 나라도 마찬가지지만) 현행 프랑스법 때문에 어느 한 분야에서 생성된 데이터를 애초의 용도와 다른 용도로 쓰기란 매우 어렵다. 사생활 보호라는 문제가 연구자들의 작업을 까다롭게 하는 것은 사실이나, 의료계의 사례를 보아도 알 수 있듯이 데이터의 익명성을 유지하면서 연구를 진행하는 것이 불가능하지는 않다.[18]

이러한 플랫폼은 환경 위험에 대한 노출 불평등 측정으로 가는 첫 단계다. 하지만 프랑스는 미국만큼 환경불평등 양상을 섬세하게 파악하려면 아직 멀었다. 그리고 이러한 도구를 만드는 것만으로는 충분치 않다. 도구가 국가와 지역 정치에서 실제로 활용되어야 하는데 프랑스의 플랫폼은 아직 대중의 접근이 쉽지 않다. 국민이 중대한 쟁점들을 깨닫고 공적 토론의 대상으로 삼으려면 쉽게 접근할 수 있어야 한다. 더욱이 공해는 국경을 따지지 않는다는 특성이 있다. 다른 주제도 그렇지만 환경불평등이라는 주제에서 데이터 접근성은 위험을 경고하는 자들에게 으뜸가는 무기가 된다.

---

17 Julien Caudeville, Nathalie Velly & Martine Ramel, "Retour d'expérience des travaux de caractérisation des inégalités environnementales en région", rapport d'étude pour le ministère de l'Environnement, de l'Énergie et de la Mer, Ineris(2016).

18 프랑스 현행법은 2차대전 당시 비시 정부와 나치 점령군이 국민의 개인정보를 함부로 사용한 데 대한 반발로 이러한 부분을 엄격하게 명시하고 있다. 따라서 개인정보 생성이나 사용과 관련한 거부감은 충분히 이해할 만하다.

환경불평등 감소에 대한 재정지원

환경불평등 감소에는 비용이 든다. 그렇지만 이 비용은 환경
불평등 감소로 지출을 피할 수 있는 비용에 비추어 산정되어
야 한다. 가령 공해로 인한 조산早産에 드는 비용만 생각해도
미국에서는 매년 50억 달러 이상이 든다.[19] 프랑스의 공해 관
련 비용(질병과 생산에 미치는 영향)도 환경부 발표에 따르면 연
간 200~300억 유로 수준이다. 만약 공해를 통제할 수 있다면
그만큼 비용을 절약할 수 있다는 얘기다. 게다가 인명과 보건
문제는 회계의 논리로만 다룰 수 없음을 기억해야 한다. 그래
도 비용은 여전히 따져야 마땅하다. 설령 비용이 수익으로 완
전히 상환되지 않는 경우에도 혁신적 자금조달 방법이 동원
될 수 있을 것이다.

「탄소와 불평등」 연구에서는 온실가스 배출에 누진세를
적용해 기후변화 대응에 필요한 재원을 마련하고자 제안한
바 있다.[20] 공해 유발자가 공해 배출 수준에 맞게 자금을 내놓

---

19 Leonardo Trasande, Patrick Malecha & Teresa Attina, "Particulate matter exposure
    and preterm birth: estimates of US attributable burden and economic costs",
    Environ Health Perspect, vol. 124, no. 12(2016).

20 Lucas Chancel & Thomas Piketty, "Carbon and inequality", op. cit.

아야 한다는 얘기다. 현재 공적 토론의 대상인 탄소세는 모든 공해 유발자에게 고정비율로 적용된다. 그렇지만 현재와 같은 탄소세를 폐지하고 대체하자는 얘기는 아니다. 탄소세는 행동을 교정해 배출을 감소시킨다는 목적이 있다. 우리가 제안하는 누진세는 탄소세를 보완할 수 있을 것이다.

우리의 연구는 글로벌한 접근을 채택했다. 기후변화에 가장 취약한 인구의 적응을 지원하기 위해 필요한 자금 1조 5,000억 유로를 어떻게 구할 것인가? 우리는 개인의 공해 배출에 누진세를 적용하는 다양한 전략(배출량이 평균 이상인 모든 배출자를 대상으로 하는 전략, 배출량 상위 10퍼센트 대상 전략, 배출량 최상위 1퍼센트 대상 전략)을 제안하고, 그 지리적 분포를 연구했다. 배출량 상위 10퍼센트를 대상으로 삼은 누진세 전략의 경우, 세수의 46퍼센트는 북미에서, 16퍼센트는 유럽에서, 12퍼센트는 중국에서 걷힐 것이다.

이 연구에서 제기된 문제는 개발도상국에서 기후변화에 적응하기 위해 필요한 자금을 어떻게 마련하느냐였지만, 선진국에서 환경 위험 노출 불평등을 완화하는 자금을 조성할 때도 비슷한 시스템을 얼마든지 구축할 수 있다. 원리는 단순하다. 공해 배출자의 분담금에는 공해 배출 수준보다 높은 세율이 적용되어야 한다. 소득에 누진세가 적용되는 것과 마찬

표 2 CO2e 배출에 대한 누진세(단위: %)

지역	전체 배출량에 대한 비율	누진세 전략			항공기 이용에 따른 분담 비율
		전략 1	전략 2	전략 3	
		세계 평균치 이상 배출자 전원의 분담 비율	배출량 상위 10퍼센트의 분담 비율 (세계 평균치의 2.3배 이상)	배출량 최상위 1퍼센트의 분담 비율 (세계 평균치의 9.1배 이상)	
북미	21.2	35.7	46.2	57.3	29.1
유럽연합	16.4	20	15.6	14.8	21.9
중국	21.5	15.1	11.6	5.7	13.6
러시아·중앙아시아	6	6.6	6.3	6.1	2.8
그 외 OECD 가입국	4.6	5.8	4.5	3.8	3.8
중동·북아프리카	5.8	5.4	5.5	6.6	5.7
라틴아메리카	5.9	4.3	4.1	1.9	7
인도	7.2	1	0.7	0	2.9
그 외 아시아	8.3	4.7	4.1	2.7	12.1
사하라 이남 아프리카	3.1	1.5	1.5	1.1	1.1
전 세계	100	100	100	100	100

해석: 전 세계에서 온실가스를 가장 많이 배출하는 상위 10퍼센트(세계 평균치의 2.3배 이상을 배출하는 인구)가 세금을 낸다면 유럽인이 세수 총액의 15.6퍼센트를 차지하게 될 것이다.

출처: Chancel & Piketty(2015).

가지인 셈이다.

이러한 조치를 어떻게 시행할 것인가? 개인의 공해 (직접 및 간접) 배출에 대한 정확한 데이터가 있다면 가장 이상적일 것이다. 하지만 현재 그러한 데이터를 확보하기는 어렵다. 그러나 몇 년 후에는 공해 배출 측정 방법과 도구가 좀 더 발전해 개인별 데이터 확보도 가능할지 모른다. 그때까지는 비교적 측정이 쉬운 소비(난방 및 이동에 사용하는 에너지소비)에 누진적으로 세금을 매길 수 있겠다. 많이 쓸수록 단가가 높아지는 누진적 요금 책정 원리는 이미 프랑스의 몇몇 지방자치단체에서 수도 요금이나 쓰레기 처리비용에 적용되고 있다. 또한 이탈리아와 미 캘리포니아주도 에너지에 누진 요금을 적용한다. 그러나 탄소배출에 대해 정식으로 누진세가 논의된 적은 없다.

또 다른 방법은 높은 생활 수준과 CO_2e 배출을 동시에 의미하는 소비재에 세금을 적용하는 것이다. 이미 아프리카의 10여 개 국가와 프랑스에서는 항공권 1매당 일정한 분담금이 책정되어 있다. 이렇게 조성된 자금은 주로 국제의약품구매기구(UNITAID)를 통해 개발도상국 의약품 지원에 쓰인다. 항공권 환경분담금, 즉 연대기여금은 현재 1매당 1~2유로 수준이지만 더 올릴 수 있고 더 많은 국가로 확대될 수 있다. 일등석, 비즈니스석, 일반석에 요율을 각기 달리 책정하면 일종의 누진세가 되는 셈이다. 전 세계 항공회사가 일등석에 180유로, 일반석에 20유로를 항공권 연대기여금으로 책정한다면 매년 1,500억 유로의 기금이 조성될 것이다.

마지막으로 (엄밀히 말해 누진세는 아니지만) CO_2e 배출에 단일 요율의 세금을 무겁게 물리는 대신, 소득 조건에 따라 에너지 바우처를 지급한다든가 (6장에서 앞서 다룬 것과 같은) 더욱 광범위한 세제 개혁으로 소득 이전 효과를 꾀하는 방법이 있다. 프랑스에서나 전 세계에서 환경불평등을 낮추는 비용을 감당하기 위해 공해 유발자들의 책임 수준에 맞게 세율을 조정하는 방법은 언제나 여러 가지가 있을 수 있다.

우리가 살펴본 대로, 환경보호에 역행하지 않고도 경제적 불평등은 얼마든지 완화할 수 있다. 우리는 이 문제에 세 방향으로 접근했다. 첫 번째는 대중교통과 에너지 및 수도 공공서비스를 강화하는 것이다. 그러자면 인프라에 대한 투자와 가계에 대한 지원으로 사회적 규준 변화를 촉진하려는 노력이 필요하다. 두 번째 방향은 새로운 환경세를 고안하고 도입하는 것이다. 새로운 환경세는 아주 잘 설계되어야만 환경과 사회적 보호 사이에서 빚어질 수 있는 갈등을 뛰어넘을 수 있다. 마지막으로, 환경불평등을 완화하려면 유럽 국가들과 신흥국들이 개방적이면서도 투명한 불평등 측정 플랫폼을 개발해야 한다. 이 세 방향으로의 변화는 전부 가능할 뿐 아니라 이미 일부 국가에서 현재 진행 중이다. 이러한 변화가 조금씩 일어나다 보면 공공정책은 결국 완전히 새로운 모습을 취하게 될 것이다.

7장

사회적 투쟁
대
국제적 조율

6장에서 우리는 지속 가능한 개발이라는 관점에서 사회정의를 좀 더 보장하기 위해 어떤 공공정책을 마련할 수 있을지 살펴보았다. 대부분의 경우 국가나 지방자치단체의 역할이 중요하게 떠올랐다. 물론 현지 지역사회와의 결연도 필요하지만 반드시 사회복지와 연결되지 않아도 된다. 다른 수준에서도—더 지역적이든 더 광범위하든—손을 쓸 수 있지 않을까? 환경불평등과 경제불평등을 해결하기에 적합한 규모란 어떤 것일까?

지역사회 차원의 사회정의와 환경정의

국민은 사회 및 환경불평등을 완화하고 생태 전환에 들어가야 하지만 국가가 그런 일을 추진할 능력이 없거나 속도를 제대로 내지 못할 때 환경주의나 무정부주의에서 영감을 받은 운동들은 소규모 지역사회의 인간관계를 바탕으로 하는 연대에 힘입어—공유, 기부, 상호부조 등을 통해—사회정의 문제에 접근해야 한다고 주장했다.

영국에서 롭 홉킨스Rob Hopkins의 주도로 탄생한 '전환마을' 운동은 이러한 시각에서 특히 흥미롭다. 이 운동은 생태 전환이 불가피하다고 생각해서 직접 행동에 나서고자 하는 사람들을 규합한다. "대비하지 않으면 그냥 당하게 된다"라고 그들은 말한다.[1] 전환마을 운동은 공유네트워크(기부, 재활용 등), 에너지협동조합, 소상공인을 위한 지역화폐 개발 등 지역 주도 활동을 촉진한다. 이러한 활동들은 에너지 접근성을 높이고, 공해를 정화하고, 실업 인구에게 도움을 줄 수 있다.

사실 이러한 시민운동의 힘은 각 사람의 가용 수단과 의욕을 끌어내고 규합한다는 데 있다. 지역사회와 그들의 투쟁에 방점이 찍히기 때문에 다들 정말로 노력을 쏟아붓는다.[2] 이러한 형태의 연대는 철학자 폴 리쾨르Paul Ricœur가『인정의 과정Parcours de la reconnaissance』에서 강조했던 바에 부응한다.[3] 집단은 단순히 최소한의 물질적 자원에 대한 접근을 보장하기만 하면 '사회'를 이룰 수 있는 것이 아니다. 집단은 사회적 인정 욕구를 충족시켜야만 한다. 그런데 오늘날의 시민 납세자

---

1 Rob Hopkins et al., *The Transition Handbook. From oil dependency to local resilience*(Green Books, 2008).

2 Luc Semal, "Le militantisme écologiste face à l'imaginaire collectif: le cas des villes en transition", Sophie Poirot-Delpech & Laurence Raineau, *Pour une socio-anthropologie de l'environnement. Regards sur la crise écologique*(L'Harmattan, 2012).

3 Paul Ricœur, *Parcours de la reconnaissance*(Stock, 2004).

들은 더 이상 그러한 인정을 느끼지 못하고 국가라는 '냉정한 괴물'과 세금이라는 도구에 일체감을 갖지도 않는 듯하다. 그렇지만 지역사회가 불평등을 완화하고 연대를 구체적으로 실현하더라도, 사회국가를 대신해 이 책에서 지적한 문제들을 다 해결할 수는 없다. 경제적 불평등의 경우, 다양한 상호부조는 경제 및 환경 파동으로부터 개인을 보호하고 지원하는 네트워크가 되어줄 수는 있다. 하지만 지역사회가 금전적 재분배 같은 문제를 해결할 수 있을까? 최저임금을 정한다든가, 조세회피를 막거나, 다른 지역의 천연자원 고갈을 저지할 수 있을까? 이러한 사안들은 국제적 차원에서 다루지 않으면 국가도 해결하기 힘들다.

그럼에도 환경불평등과의 싸움에서 지역사회는 특정한 문제나 사회정의를 다루고 적절한 대응책을 마련하는 데 중요한 역할을 한다. 지난 수십 년 동안 미국과 세계 곳곳에서 일어난 환경인종주의에 반대하는 투쟁은 이 점을 잘 보여준다. 하지만 여기서도 모든 답이 지역사회에서 나올 수는 없었다. 기후 문제만 들더라도, 환경불평등을 '근원적으로' 다루려면 온난화의 원인을 제거해야 한다. 그러자면 산업, 상업, 교통 정책을 대규모 차원에서, 국가 차원을 넘어서까지 조율할 수 있어야 한다. 우리가 원하든 원하지 않든, 대기오염이나 화학적 오염은 지역사회 안에만 머물지 않는다.

환경 파동의 여파를 다룰 때는 지역사회가 사전 계획을 수립하고 위기 상황을 관리하는 역할을 잘할 수 있다. 허리케인 카트리나 사태 같은 재난을 초래한 생태계·과학기술계·정치계의 균열을 분석한 에드워드 바비어Edward Barbier의 연구[4]는 환경 위험에 대한 회복탄력성이라는 면에서 지역사회(각종 협회, 압력단체, 투쟁 운동 등)의 역할이 얼마나 중요한지 잘 보여주었다. 사실 주민들에게 대피나 인명구조 요령을 가르치고 조직화하기에 지역사회만큼 좋은 틀은 없다. 그렇지만 여기서도 지역 차원에서는 할 수 없는 일이 있다. 피해 규모가 클 때는(카트리나의 피해 규모는 1,000억 달러가 넘었다) 위험을 시간적으로나 공간적으로나 가능한 한 광범위하게 분배할 필요가 있다. 이것은 사회국가가 할 일이다.

그래서 경제 및 환경불평등을 다스리는 일에서 지역사회가 사회국가의 역할을 대신할 수는 없다. 두 수준은 상호보완적일 뿐, 상호 교환은 불가능하다. 그런데 일부 지역연대 운동은 국가의 개입을 거부한다. 사회국가가 약속을 지키지 않

4　Edward B. Barbier, "Hurricane Katrina's lessons for the world", *Nature*, no. 524-7565(2015).

왔기 때문에 그러는 것이니 이해할 만한 경우도 있다. 그렇지만 사회정의와 환경정의라는 면에서는, 사회국가의 부재보다 더 큰 리스크는 없다. 게다가 '작은 정부' 이데올로기를 주창하는 자들은 금세 이 리스크에 빠지기 쉽다. 지역사회가 점점 더 연대의 기능을 하기 때문에 공공서비스의 범위를 축소해도 된다는 것이다. 데이비드 캐머런David Cameron 전 영국 총리가 유권자들에게 '작은 정부'를 '큰 사회'로 대체하자고 주장했던 것도 같은 맥락이다.

그러나 그와 반대로, 미래의 사회국가는 이러한 시민공동체에 기대어 사회적 관계를 만들어내고 연대 행동에 의미를 부여할 때 힘과 정당성을 확보할 것이다. 법학자 알랭 쉬피오Alain Supiot가 지적했듯이[5] 오늘날 이 새로운 형태의 연대가 사회국가를 강화하는지 약화하는지 확실하게 파악하기란 쉽지 않다. 그러므로 국가의 과제는―그리고 이 새로운 활동주체들의 과제 역시―연대들의 가장 효율적인 협동 방식을 알아내는 것이다. 그러한 연대들의 양상을 파악하기 위해서나 사회정의의 도구들을 지역사회에 전부 빼앗기지 않기 위해서

---

5 Alain Supiot, *Grandeur et misère de l'État social*, op. cit.

도 그래야만 한다.

여기서 19세기 말에서 20세기 초까지 프랑스에서 서민층에게 개방되었던 의료기관들과의 유사성을 떠올릴 수 있다. 원래 사설 기관이었던 이 의료편의시설들은 자율적으로 운영되면서도 공공 의료서비스와 동일한 임무를 수행함으로써 (특히 모든 환자를 차별 없이 진료할 의무를 다함으로써) 차츰 공공 의료서비스로 편입되었다.

마찬가지 맥락에서, 사회정의와 환경정의를 위해서 일하는 사설 단체나 운동도 몇 가지 근본 원칙을 존중하기만 한다면 정부의 자금 지원을 마땅히 받을 만하다. 그래서 이미 여러 나라에서 지정단체에 대한 기부금은 세액 공제를 해준다. 혹은, 예를 들자면, 공익을 위해서 일하는 단체에 기부하면 국가가 그 금액의 몇 퍼센트를 추가로 지원하는 방법도 있을 수 있겠다. 이러한 원칙은 새로운 것이 아니며, 영국에는 이미 존재한다. 더 나아가 아예 이 단체들에 예산을 책정할 수도 있다. 그 예산이 어떤 대의를 위해 쓰일지는―쥘리아 카제가 『민주주의의 값』에서 했던 제안처럼―국민들이 매년 선택하게 하는 것이다. 이로써 민주적 토론이 다시 활기를 띠고, 국가와 지역 활동이 다시 이어지고, 시민들은 예산 문제에 좀 더 가까워질 수 있다.

사회국가를 넘어서

그러므로 사회국가는 '아래에서 치고 올라오는' 경쟁자만 있는 게 아니라 '위로부터' 추월당하기도 한다. 환경 문제 혹은 소득 및 자산 불평등은 국가-정부라는 제한된 틀 안에서 온전히 다뤄질 수 없다. 오늘날 금융 흐름에 국경이 없듯이, 공해도 국경을 따지지 않는다. 조세, 상업, 사회보호 정책들의 조율이 없다면 국가는 경제 및 환경불평등을 완화하는 데 필요한 임계 질량, 즉 크리티컬 매스critical mass가 없거나 아예 도구가 없는 셈이다.

지역사회와 현지 활동과는 다른 방향에서 또 다른 움직임이 (아직은 배아 상태지만) 싹트고 있다. 사회 및 환경정의를 글로벌 수준에서 다루려는 움직임이다. 일단 환경에 관해서는 그간 있었던 기후회의들만 봐도 글로벌 차원에서 협력해야 할 필요성, 그에 따르는 어려움, 그리고 해결하려는 집단적 의지를 확인할 수 있었다. 2015년 말 파리기후회의에서 도달한 합의는 실로 역사적이었다. 그 합의는 기후 문제를 해결하지 못했지만(최근의 연구는 대부분의 국가가 파리에서 정한 목표 감소치를 준수하지 못했다는 것을 보여주었다) 그 자체가 국제적 협조가 언제나 가능하다는 증거다.

경제적 불평등과 관련해서는 환경 문제에서와 같은 국제
협력이 아직은 존재하지 않는다. 그렇지만 그러한 방향으로
두 흐름이 보인다. 하나는 1장에서 제시한 지속 가능한 개발
목표, SDGs다. UN 회원국은 국가 내 경제적 불평등의 양상
을 측정할 때 공통 지표를 사용하기로 합의했다. SDGs에 불
평등 문제가 포함되었다는 점은 여러모로 작용한다. 첫째, 공
통 지표의 사용은 국가 내 논의와 국제적 논의를 구조화할
때 매우 중요하다. 특히 소득불평등 감소 정책의 효과를 측정
하는 공통의 언어가 생겼다는 점에서 그러하다. 둘째, 경제적
불평등과 싸우는 지역, 국가, 국제 활동주체들은 이 공통 지
표를 스스로 정한 목표를 지키지 않는 국가들에게 각성을 촉
구하는 지렛대로 사용할 수 있다. 요컨대 지표 자체가 국제
적 비교 기준이므로 새로운 정치적 압박 도구가 될 수 있다
는 얘기다. 이 지렛대는 꽤 힘을 발휘할 수 있다. 국제학업성
취도평가(PISA)Programme for International Student Assessment[6] 순위가 일
부 국가의 교육 정책을 납득시키는 수단으로서 얼마나 힘을
발휘하는지만 보아도 알 것이다. 일례로 독일은 유럽에서 학

---

6 (옮긴이) OECD가 회원국을 포함한 세계 각국과 공동으로 실시하는 학업성취도
   비교연구.

업성취도가 떨어지는 국가 축에 들지 않기 위해서 교육시스템을 일부 개편하기도 했다.

혹자는 경제적 불평등이 100개도 넘는 SDGs 지표 중 하나에 불과하므로 금세 묻히고 잊히지 않을까 우려할지 모른다. 하지만 불평등은 진지하게 고려되고 있다. 스티글리츠 위원회 보고서가 새로운 경제사회발전지표를 제시한 후로 세계 여러 나라는 국가 성과 목표를 'GDP를 넘어서go beyond GDP' 추구하기 시작했다.[7] 국가 및 지역 발의안 18개를 살펴보면 자료집합의 4분의 3에는 적어도 하나 이상의 경제적 불평등 지표가 포함된다.[8]

마지막으로, SDGs라는 틀은—적어도 원칙적으로는—성과 분류 이상의 역할을 할 수 있다. 국가가 다른 국가들을 보고 배우게끔 자극하는 역할 말이다. 불평등 완화라는 면에서 어느 나라가 최고이고 어느 나라에 빨간불이 들어왔는지 보면서 통하는 전략과 실패할 수밖에 없는 전략을 구분하게 되

---

7 Joseph Stiglitz, Amartya Sen & Jean-Paul Fitoussi, "Rapport de la Commission sur la mesure des performances économiques et du progrès social", ministèe de l'Économie, de l'Industrie et de l'Emploi(2009).

8 그렇지만 이 분야를 독자 개척한 영국을 비롯한 몇몇 나라는 예외다. 영국의 30여 개 '웰빙 지표'는 소득 및 자산 불평등의 명시적 측정을 포함하지 않는다.

는 것이다. 칠레는 미첼 바첼레트Michelle Bachelet 대통령 집권기
에 폭넓은 세제 개혁에 성공했다. 이웃 나라들은 칠레의 사례
에서 무엇을 배울 수 있을까? 실제로 SDGs가 이러한 역할을
할 수 있으려면 학계와 시민사회가 이 주제를 붙잡고 매달려
야 한다. 국가들의 협력도 한층 더 심층적으로 이뤄져야 한
다. 국제 시민사회가 지켜보는 가운데 각 나라 대표들이 한자
리에 둘러앉아 무엇이 중요한지 서로 알려줄 수 있어야 한다.
그런 일이 가능할까 싶겠지만 기후 문제에 있어서는 이미 그
렇게 되었다. 20년 전에 국제 기후회의가 열릴 거라 생각했
던 사람이 몇이나 있었을까. 그리고 이미 불평등 문제에 대해
서도 긍정적인 변화가 나타나기 시작했다. 최근에 열린 UN
아시아태평양지부 총회는 불평등 감소 문제에 주력했다. UN
에서 가장 큰 지역에 해당하는 아시아태평양의 각국은 이 문
제를 해결하기 위해 어떤 정책을 마련하고 있는지 돌아가며
발표했다.

　SDGs가 실제로 서로 다른 나라의 조세, 상업, 금융 정책을
조율하고 협력시키지는 못한다. 하지만 다른 과정으로는 그
렇게 할 수 있다. 조세투명성에 대한 발의안의 경우, G20 정
상회의와 OECD 조세투명성 글로벌포럼에서 그러한 진전
이 있었다. 2016년 봄부터는 세계은행, IMF, OECD, UN의

후원으로 조세 공조 플랫폼Platform for Collaboration on Tax이 운영되고 있다. 2017~2018년에 100개 국 이상이 은행 정보 교환에 합의했고, 이러한 정보 교환은 대개 따로 요청하지 않아도 자동으로 이루어지게 되어 있다. 하지만 이러한 긍정적 변화도 아직 미흡한 것은 명백한데, 특히 사안을 해당 분야에 한정해 다룰 뿐 충분히 정치적이지 못하다는 점이 아쉽다.

조세피난처가 정보 공개 요청에 응하지 않아도 무역 및 금융 제재를 받지 않는다면 달리 무슨 수로 압박할 수 있을까? 일부 조세피난처 정부는 재계 거물의 후원에 의지하는 실정이다. 사기를 쳐서 얻는 이득이 그로 인한 처벌보다 훨씬 크다면 개선될 가망이 없다. 경제학자 가브리엘 쥐크만은 프랑스, 이탈리아, 독일이 스위스가 조세피난처 역할을 계속할 경우 스위스산 수입품에 관세를 30퍼센트까지 부과하겠다고 위협해야 한다고 본다.

게다가 특정 유형의 조세회피에 대해서는 다양한 대항 수단을 쓸 수 있다. 여기서 그러한 수단의 예를 하나만 들어보겠다. 현재 다국적기업들이 조세 최적화(법에 저촉되지 않는 조세회피) 방침에 따라 수익을 법인세가 거의 없는 조세피난처로 일부러 이전하고 있기 때문에 여러 국가가 골머리를 앓고 있다. 이렇게 되면 국가가 사회보호에 돈을 써서 일종의 재분배를 수행하는 데 차질이 생긴다.

이러한 세계화의 파행에 종지부를 찍고 싶다면 세금이 적용되는 다국적기업의 과세 이익 계산법 자체를 바꾸면 된다. 현재 미국에서 주 정부들 간의 비열한 세금 경쟁을 막기 위해 사용하는 공식배분법formulary apportionment 모델을 따르면 될 것이다. 그렇게 하면 조세 최적화에 피해를 보는 국가들이 마땅히 받아내야 할 세금을 받을 수 있다. 구체적으로 말하자면, 다국적기업들이 더 이상 해당 국가에서 신고한 이익이 아니라(물론 이 신고 이익은 실제로 그 나라에서 벌어들인 수익과 일치하지 않는다) 해당 국가에서 발생한 총매출 가운데 일정한 비율에 대해 세금을 내는 것이다.[9] 이것은 기술적으로 충분히 실현될 수 있거니와 국제적 합의를 기다리지 않고 비교적 쉽게 시행할 수 있는 세제 개혁이다.

환경보호에 가장 앞장서는 국가들이 환경보호를 남의 일로 생각하는 이웃 나라나 무역 상대국의 '무임승차'에 피해를 볼 수도 있다. 기후를 위한 목표를 달성하기로 마음먹은 국가들은 그러한 피해를 막기 위해 무역을 무기로 삼거나 새로운

---

9   이 주제에 대해서는 다음을 참조하라. Gabriel Zucman, *The Hidden Wealth of Nations. The scourge of tax havens*(Chicago University Press, 2015).

조세 도구를 마련할 수 있다. 특히, 기후 목표를 준수하지 않는 국가와의 무역 협정을 거부할 수도 있다. 하지만 2016년 10월 30일에 유럽연합이 캐나다와 맺은 포괄적경제무역협정(CETA)Comprehensive Economic and Trade Agreement은 그 반대였다. 이 협정은 무역자유화를 우선시하고 기후변화는 부차적 목표로 취급했다.

또 다른 방안은 탄소를 포함하는 수입품에 탄소국경세를 부과하는 것이다. 이 세금의 목적은 CO_2e 배출 감소라는 목표에 신경 쓰지 않는 외국 기업과의 경쟁에서 자국 기업을 보호하려는 것이다. 탄소국경세가 외국 기업과 자국 기업 사이의 형평성을 회복시킬 수 있다. 이 문제를 연구한 학자들 다수가 이러한 조치가 국제무역권에 어긋나지 않는다고 본다. UN이 따르는 관세 및 무역에 관한 일반협정 20조는 환경과 인명을 보호하기 위해 예외 조치를 택할 수 있다고 규정하고 있다. 게다가 탄소국경세는 유럽연합 국가들의 정상회의에서 오래전부터 제안되었지만 일부 회원국의 정치적 의지가 부족했던 탓에 아직 실현되지 못했다(가령 독일은 비유럽연합 무역 파트너들의 반응을 우려한다). 그러한 방해를 돌파하기 위해서 6장에서 다루었던 것 같은 화석에너지 기반 연료에 이미 붙는 세금 외에도 시멘트나 강철처럼 탄소가 많이 함유된

재화에 세금을 부과하는 것부터 시작할 수 있겠다. 이러한 방
안의 이점은 국가가 원하면 일방적으로 도입할 수 있고, 외국
생산자도 (탄소배출 저감 압박을 받는) 국내 생산자와 마찬가지로
압박할 수 있다는 것이다.[10]

　이 예들은 국가가 국제무역을 포기—이 경우에는 빈곤국
들이 치명적인 영향을 입을 수 있다—하지 않으면서도 조세,
사회, 환경 정책을 전개할 여지를 마련할 수 있음을 보여준
다. 관건은 적절한 균형을 찾는 것, 다시 말해 무역이라는 목
표를 장기적으로 더욱 중요한 사회 및 생태 전환에 종속시키
는 것이다. 구체적으로는 사회 및 환경의 표준이 저하되지 않
도록 보호하는 조치들이 필요하다. 법인세나 탄소국경세 같
은 조세 정책은 불평등을 완화하고 환경을 보호하기를 원하
는 국가들이 국제적 합의가 이루어질 때까지 기다릴 필요가
없음을 보여준다. 그들은 지금 당장 행동할 수 있고, 파급효
과를 끌어낼 수 있다.

10　Karsten Neuhoff et al., "Inclusion of consumption of carbon intensive materials in
　　emissions trading", Climate Strategies(2016)를 참조하라. 현재 유럽에 적용되는
　　탄소배출 할당제는 유럽연합 내 생산자에 한해서만 생산 수준을 압박한다. 그에
　　비해 소비에 부과하는 세금은 국내외를 가리지 않고 모든 생산자를 압박할 수 있
　　다는 장점이 있다.

글로벌과 로컬은 대립 관계가 아니다

SDGs는 야심 찬 목표지만, 회의적인 시선을 불러일으키기도 한다. UN에서 제안한 프로그램이 전부 다 이루어졌다면 작금의 세계는 평화와 정의의 안식처가 되어 있을 것이다. 그렇지만 이러한 국제 프로그램은 그 한계에도 불구하고 지난 70여 년간 환경, 학술, 사회 분야의 수많은 진보를 이끌어 냈다.

흔히 간과하지만, 국제 협력은 실제로 지역의 투쟁을 촉발하고 살찌울 힘이 있다. 우리는 생물해적행위biopiracy와 원주민 인권 보호 같은 중요한 목표들에서 그 사실을 확인했다. 국제회의를 통해 현지인들이 자국의 정치 현장에서 목소리를 낼 수 있게 되기까지, 정작 잘못을 저지르고 있던 국가들은 그러한 문제가 안중에도 없었다. 특히 각국의 기후 관련 활동이 주목받고 오늘날 기후변화가 각국 지도자들의 가장 큰 고민거리 중 하나가 된 것도 유엔기후변화회의가 있었기 때문이다. 환경단체들이 유엔기후변화회의를 "현실과 괴리된 상아탑"으로 보거나, 협약을 준수하지 않아도 사실상 제재가 없다는 점을 비판하는 것도 이해는 간다. 그렇지만 기후변화회의가 없다면 현재의 개발 방식이 처한 난관을 지적하고 비판할 기회도 거의 없을 것이다.

지역 투쟁, 국가기관, 국제 협력이라는 서로 다른 층위가 유기적으로 연결되기란 극도로 어렵고 까다롭다. 여하튼 지역 활동가들의 도구가 그렇듯 국가–정부의 도구도 경제 및 환경불평등을 해결하기에 충분치 않다. 그리고 국제 협약은 현장의 행동이 없으면 아무 가치가 없다. 그러므로 이 유기적 연결을 바탕으로 조화롭게 경제불평등과 환경불평등을 완화하고자 노력해야 한다. 국가는 한계와 모순이 있을지라도, 한없이 느린 것 같아도, 경제적 부와 풍요로운 환경의 재분배 문제에서 중요한 역할을 담당한다. 그러나 환경위기와 불평등이라는 이중의 과제를 감당하기 위해서는 근본적인 탈바꿈이 필요할 것이다.

맺으며

지금까지 우리는 경제불평등과 환경불평등의 관계를 살펴보았다.

1부에서는 경제불평등이 현대 세계의 지속 불가능성의 실질적 요인이라는 것을 확인했다. 소득 및 자산 불평등이 민주사회로서 참을 수 없는 수준에 이르렀고, 경제활동이라는 관점에서도 효율적이지 않다는 것이 점점 더 명확해지고 있다. 게다가 그러한 불평등은 사회 전체의 보건 및 사회보장을 악화시키고, 환경에도 피해를 입힌다.

특히 우려스러운 것은 경향성이다. 우리가 데이터를 확보한 국가들 대부분에서 소득 및 자산 불평등은 증가하는 추세다. 그렇지만 이 암울한 전망 속에 한 줄기 빛이 있다면, 이 증가 추세는—국가에 따라 다양하게 나타나는—조세, 사회, 무역, 교육 정책의 총체(혹은 정책 부재)의 결과라는 것이다. 따라서 이제부터 새로운 정책을 실시한다면 이 경향성을 뒤집을 수도 있다.

불평등의 심화는 어쩔 수 없는 숙명이 아니다. 이른바 시장의 법칙에는 손을 쓸 수 없다고 (의도적으로든, 그렇지 않든) 주장하는 사람들은 숙명이라고 믿게 하고 싶겠지만 말이다. 과제 해결에 적합한 구체적 대안을 미국, 유럽, 신흥국에서 구상하고 있지만, 적어도 시민사회, 학계, 국제기구, 산업계는 경제불평등 수준을 낮춰야 한다는 데 이미 합의를 보았다. 불평등 감소라는 목표가 SDGs에 포함된 것이 그 증거다. 비록 충분하지는 않을지언정, 이 자체가 중대한 진전이다.

우리는 또한 지속 가능한 개발이 사회적 불의의 또 다른 한 면, 즉 환경불평등에 대한 관심을 포함한다는 것도 알았다. 환경불평등은 경제불평등과 밀접하게 연결되어 있다. 실제로 가난한 사람들은 필연적으로 에너지나 양질의 먹거리 같은 상품화된 환경자원에 접근하는 데 제약이 있고 깨끗한 공기, 오염되지 않은 토양, 태풍이나 가뭄에 잘 견디는 토질 같은 비상품성 환경자원을 누리기도 힘들다. 우리는 경제

불평등과 환경불평등을 연결하는 악순환에 특징적인 몇 가지 기제를 살펴보았다. 공해의 가장 큰 피해자들이 대개는 공해에 가장 책임이 적은 사람들이라는 점에서 이것은 두 배의 불의다.

이러한 경향을 뒤엎기 위해서는 대대적인 변화가 필요하다. 경제적 격차를 해소하면서도 환경에 피해를 주거나 그로 인한 환경불평등을 가중하지 않는 정책들이 가능하다는 것을 우리는 이미 살펴보았다. 그리고 그 정책들은 이미 일부 선진국과 신흥국에서 시행 중이다. 현재 유럽, 인도, 미국, 혹은 그 밖의 나라에서 가장 효과 있는 정책들을 모방하면서 근본적 변신을 꾀할 수 있다. 달리 말하자면, 변화는 심원한 것이되 접근 가능해야 한다.

지금 시작되는 전환을 밀고 나가려면 모든 관계자의 노력이 필요하다. 시민사회는 기존의 다양한 불의가 정치적 안건이 될 수 있도록 힘쓰고, 대안을 상상하고, 행동에 참여해야 한다. 또한 연구자들은 환경 및 사회 불평등을 측정하고 파악하는 작업을 부단히 밀고 나가야 한다. 국가기관은 외국에서 일어나고 있는 일을 제대로 바라보아야 한다. 이러한 변화는 아마도 수없이 장애물을 만나고 뒷걸음치기도 할 것이다. 그 변화의 끝을 보려면 엄청난 상상력과 에너지가 필요할 것이

다. 그렇지만 이 책이 보여주고자 했던 대로, 우리는 사회불
평등과 환경불평등을 연결하는 악순환에서 벗어나 공정하면
서도 지속 가능한 미래의 조건을 만들 수 있다.

감사의 글

이 책에 영감을 주고 이 책에 소개된 여러 편의 연구를 필자와 함께 한 탕크레드 부아튀리에와 토마 피케티에게 특별한 고마움을 전한다. 또한 지속가능개발국제관계연구소(IDRII)의 동료들, 특히 미셸 콜롱비에, 클로드 앙리, 테레사 리베라, 마티외 소조, 로랑스 튀비아나에게도 고마움을 전한다. 루이 쇼벨, 프라보드 푸루쇼타맹, 나라심하 라오, 줄리아 스타인버거와 세계불평등연구소의 동료들에게 감사한다. 원고를 꼼꼼하게 읽어준 마리에디트 알루프, 도미니크 상셀, 오로르 라뤼크에게 감사한다. 마지막으로, 한없는 에너지를 보여준 나의 가족과 친구들에게 감사한다.

해제

경제불평등과 생태 위기에서 동시에 탈출하기

김병권
기후경제와 디지털경제 정책연구자,
전 정의당 정의정책연구소장

21세기에 세계가 직면한 가장 큰 사회적 문제를 꼽으라고 하면 압도적으로 많은 이들이 경제적 불평등과 생태 위기(특히 기후 위기)를 맨 앞자리에 놓을 것이다. 소득과 자산 격차의 확대로 표현되는 경제적 불평등은 미국과 많은 선진국에서 100년 만에 최악의 상황을 맞고 있다. 한국도 1997년 외환위기 이후 급격히 나빠진 경제불평등이 좀처럼 해소되지 못한 채 악화되는 중이다. 소득과 자산 불평등은 교육 불평등, 문화적 접근의 불평등으로 이어지면서 사회분열과 갈등을 촉발한다. 최근에는 경제불평등이 정치적 양극화와 극단적인 정치 포퓰리즘으로 전이되는 우려할 만한 상황이 세계 여러 나라에서 발견되기도 한다.

한편 이미 1980년대 말부터 중대한 글로벌 이슈로 부상한 기후변화는, 30년이 지나도록 진전 없이 지지부진한 대응 탓에 해결은 고사하고 점점 악화일로를 걷고 있다. 그 결과 지구의 평균온도는 이미 산업혁명 이전 시기 대비 1.1도까지 올랐으며, 이대로 가면 2040년 이전에 기후 변화에 관한 정부 간 협의체(IPCC)가 정한 위험한계선인 '1.5도'를 추월할 수 있다. 사실 지구 곳곳에서 폭염, 한파, 가뭄, 홍수 등 극한적인 기후의 빈발로 기후 위기는 미래가 아닌 현재형이 된 지 오래다. 기후 위기로 인한 재난이 가난한 이들에게 더 큰 고통을 안겨준다는 사실 역시 현실에서 매번 확인되고 있다.

불평등과 생태위기가 얽힌 매듭을 찾다

하지만 사회경제적 불평등과 생태적 위기라는 두 거대 위협에 대한 대처는 지금까지 별개의 차원에서 이루어졌다. 사회경제적 불평등을 해소하기 위한 각종 분배 정책이나 사회복지 정책은 생태적인 이슈와 상관없이 다뤄졌다. 반대로 생태위기나 기후 위기를 완화하기 위한 조치도 분배 정책과는 별개로 고려되었다. 서로 다른 학계와 전문가들이 별개로 대처방안을 쏟아냈고 이에 반응하는 정부 부처나 기관도 각각 분리되어 있었다.

문제는 현실세계에서 사회경제적 불평등과 생태적 위기가서로 떨어져 있지 않다는 데 있다. 불평등과 생태 위기는 서로를 악화시키면서 함께 심화되는 경향이 있다. 그렇다고 불평등이 해소되면 저절로 생태 위기가 완화되는 것도 아니다. 생태 위기 완화도 저절로 불평등을 해소해주지 않는다. 둘 사이에 얽힌 복잡한 관계를 풀어내려면 경제학, 정치학, 사회학, 역학, 생태학의 지혜를 모두 모아야 하고, "사회과학자들

과 환경 연구가들은 서로 가장 든든한 우군이 되어" 협력해
야 한다.

하지만 지금까지는 탄소집약적 사업체나 지역 공동체가
녹색전환과정에서 파생되는 일자리 상실 위험에 대처하는
수준의 매우 한정적인 관심만 보였다. 환경활동가들이 강조
한 '정의로운 전환'이 그것이다. 또는 유엔이 2030년까지 인
류가 달성해야 할 지속 가능한 개발 목표(SDGs) 17개를 발표
함으로써 그동안 국제사회가 별개로 취급했던 환경, 경제, 사
회 문제를 하나로 묶어냈지만 여전히 병렬적으로 열거되는
수준이었다.

불평등과 생태 위기 사이에 얽힌 매듭을 본격적으로 풀려
는 선구적인 시도가 바로 프랑스의 불평등 경제학자 뤼카 샹
셀에 의해 이뤄진다. 그는 토마 피케티나 가브리엘 쥐크만 같
은 전통적인 불평등 경제학자들이 조직한 '세계불평등연구
소'에 2015년 합류하면서 기존 경제 불평등연구를 넘어 환경
불평등과 젠더 불평등까지 연구의 관심을 확장한다. 이런 노
력의 하나인 뤼카 샹셀의 『지속 불가능한 불평등─사회정의
와 환경을 위하여』는 환경불평등을 다룬 가장 독보적인 저작
이라고 할 수 있다. 한창 그린뉴딜 정책을 연구하던 2020년
말 처음 이 책을 접하고 너무 반가워서 꼼꼼히 탐독했던 기

억이 지금도 새롭다. 이번에 국내에 소개되는 책은 최신 데이터를 업데이트한 개정판을 번역한 것이다. 현재 이들이 주기적으로 발표하는 「세계불평등 보고서」를 보면 한국을 포함해서 소득과 자산 불평등 데이터와 함께, 소득에 따른 온실가스 배출의 불평등 정도와 젠더에 따른 소득불평등을 분석한 자료를 볼 수 있다.

'환경불평등'이 입체적으로 분석되다

경제적 불평등과 생태 위기가 어떻게 맞물려 있는지를 파악하려면 이 둘이 교차하는 지점, 즉 경제적 불평등 정도에 따라 환경과 어떻게 관계를 맺고 있는지에 대한 탐구가 있어야 한다. 이것이 바로 환경불평등 이슈다. 우리는 환경불평등이라는 용어를 자주 사용하면서도 명확한 개념 규정을 제대로 하지 않고 있다. 샹셀은 환경불평등을 다섯 가지 차원으로 깔끔하게 정식화한다.

　그가 지적하는 첫 번째 환경불평등은 에너지, 물, 식량, 공유지와 같은 우리 삶에 필수적인 천연자원에 대한 '접근의 불평등'이다. 이어서 환경 파괴나 생태적 재난에 대한 '노출의 불평등'을 두 번째로 짚는다. 이는 최근에 많이 화제가 되는 이슈다. 예를 들어 대기오염이나 토양오염, 침수와 가뭄 피해가 잦은 위험 지역에는 주로 가난한 개인들이 거주하는데, 가난한 사람들은 환경재난으로부터 자기를 지킬 수단이 없으므로 언제나 더 큰 피해를 입는다는 점에서 노출의 불평등에 처한다는 것이다.

세 번째는 지구 생태계 파괴에 대한 '책임의 불평등'이다. 이 주제야말로 샹셀이 참여하는 세계불평등연구소에서 가장 중점을 두어서 조사 연구하고 있는 분야다. 기존에는 주로 선진국과 개발도상국 등 국가 간이나, 아니면 미래 세대에 대한 현재 세대의 책임 등 세대 간 책임의 불평등을 문제 삼았다. 하지만 샹셀은 "한 세대 안에도 승자와 패자, 지배자와 피지배자, 공해 유발자와 공해 피해자가 있다"면서, 한 국민국가의 현재 세대 안에서 환경 파괴 책임의 불평등 문제를 정면으로 다룬다. 그리고 "소득이 한 국가 내 개인들의 이산화탄소 배출 차이를 설명하는 가장 중요한 요인"이라고 결론 짓는다.

구체적으로 살펴보자. 부유한 나라에 살든 가난한 나라에 살든 상위 5퍼센트는 1990년 이후 탄소배출량이 늘었고 특히 최상위 집단에서는 폭발적으로 증가했다. 경제력 상위 계층이 탄소배출 책임의 핵심 계층이기도 한 것이다. 샹셀 등이 분석한 한국의 사례를 보면, 2021년 기준으로 한국 국민 1인당 연간 평균 탄소배출량은 14.7톤이지만 소득 상위 10퍼센트는 54.5톤, 상위 1퍼센트는 무려 180톤에 이른다. 반면 하위 50퍼센트는 고작 6.6톤밖에 배출하지 않는다.

우리나라가 만약 2030년까지 탄소배출을 절반으로 줄이는 목표를 세웠다고 가정해보자. 그러면 모든 국민이 1인당 평균 약 7.4톤씩만 배출해야 한다. 가장 평등하게 이를 실천하는 방법은 예외 없이 국민 개개인이 똑같이 7.4톤씩 배출하는 것이다. 그러면 하위 50퍼센트 국민들은 오히려 지금보다 0.8톤을 더 배출해도 된다. 반면 상위 1퍼센트가 7.4톤만 배출하려면 무려 172.7톤을 줄여야 한다. 이 지점이 사실상 이 책의 핵심 주장이며 세계불평등연구소의 가장 중요한 논지다. 물론 샹셀 등은 소득 외에도 에너지 효율성, 국토 지리적 조건, 그리고 사회문화 같은 요인이 국가 내 개인들의 온실가스 배출 차이를 만들어내는 데 영향을 미친다고 덧붙인다.

샹셀은 '접근의 불평등', '노출의 불평등', '책임의 불평등'을 넘어서, 환경보호 정책에서 비롯되는 '정책 결과의 불평등'과 생태문제 해결을 위한 '의사결정 참여의 불평등'까지를 포괄적으로 다룬다. 그리고 환경불평등을 분석한 결과, "경제적 불평등은 환경불평등을 상당 부분 결정 짓는다"면서 다음과 같이 덧붙인다. "가장 가난한 사람들은 (에너지 같은) 상품으로서의 천연자원에 접근하기 힘든 반면, 환경 위험에는 항상 더 많이 노출되고 피해에는 더 취약하다. 게다가 경제적 불평등은 온실가스 배출 불평등에도 결정적으로 작용한다. 경제적 불균형이 심화되는 경향은 환경정의라는 면에서도 결코 이롭지 않다."

생태계에 미치는 영향을 최소화함으로써 불평등을 완화하라!

그렇다면 이제 관건은 "환경을 보호하면서 경제적 불평등을 어떻게 줄일 것인가"이다. 샹셀은 이 과제가 결코 쉽지 않다면서 이렇게 진단한다. "이 두 목표 중 어느 한쪽을 앞세워 다른 쪽을 희생해서는 안 된다. 그래도 문제는 남는다. 환경보호는 다양한 형태를 취할 수 있고 그 모든 형태가 경제적 불평등이라는 관점에서 중립적이지는 않다. 어떤 환경 정책은 기존의 사회경제적 불평등을, 적어도 한동안은, 강화하는 결과를 초래할 수도 있다. 역으로, 빈부격차 해소 정책이 환경에 바람직하지 않은 영향을 미칠 수도 있다."

필자도 옥스팜Oxfam 경제학자 케이트 레이워스Kate Raworth의 '도넛경제' 모델을 소개하면서 이 모델을 실제로 실행하는 과정에서 도넛의 안쪽(사회적 기초)을 지키기 위한 공공투자와 자원 배분이, 도넛의 바깥쪽(생태적 한계)을 지키기 위한 정책과 경합이 일어날 수 있지 않을까 하는 의문을 제기했다.[1]

예를 들어 어떤 지방정부나 도시가 정해진 예산을 가지고 환경 지출과 복지 지출을 나눠서 할당해야 한다면 과연 어떻게 나누는 것이 좋을지, 또는 한쪽의 정책이 다른 쪽에 부정적인 영향을 주지 않을지 하는 의문이 제기될 수 있는 것이다.

이런 유형의 이슈는 2023년 초 한국에서 난방비 급등 이슈가 불거졌을 때 전형적으로 드러났다. 난방비 공적 지원을 통해 서민부담을 우선 경감할지(불평등 완화), 아니면 에너지 상승 비용을 난방비에 반영해 에너지 절약을 유도할지(생태위기 대처)를 두고 논쟁이 일었던 것이다. 이렇게 불평등과 생태위기 사이에 얽힌 딜레마는 앞으로 수많은 공공정책에서 다양하게 표출될 가능성이 매우 높다.

샹셀은 이 딜레마를 풀어낼 세 가지 정책 수단을 예시한

---

1   김병권,《기후를 위한 경제학》(착한책가게, 2023), 244쪽.

다. 첫째는 에너지와 물, 대중교통 같은 모든 시민의 필수 서비스에 대한 친환경적인 전환에 대대적인 공공투자를 하자는 것이다. 이를 통해 모든 시민에게 감당 가능한 비용으로 필수 서비스를 제공해주면서 동시에 이 과정이 생태 위기를 해소하는 방향으로 작동하게 만들자고 한다. 둘째로는 환경도 보호하고 불평등도 완화하는 방식으로 탄소세 같은 조세 체계를 설계할 것을 제안한다. 샹셀은 강력한 탄소세를 도입해서 생태 위기에 대처하면서도, 서민들에게 세금 환급을 하여 불평등 완화를 시도했던 캐나다 브리티시컬럼비아주의 사례를 보여준다. 반대로 불평등 완화대책 없이 탄소세를 증세하려다 시민들의 저항에 직면한 2018년 프랑스 노란 조끼 운동을 대비시킨다. 세 번째로 샹셀은 개방적이고 투명한 불평등 측정 플랫폼 개발을 요청한다.

2023년 난방비 급등 대처방안 논쟁에서 확인되었던 것처럼, 불평등과 생태위기 사이에 얽힌 딜레마를 우리는 숱한 공공정책에서 마주하게 될 것이다. 그런데 샹셀의 말대로 "아직도 환경불평등과 사회경제적 불평등 사이의 상호작용을 제대로 이해하기 위한 데이터나 분석 도구가 턱없이 부족"하고, 과거의 경험에서 배울 수 있는 사례도 많지 않다. 해법 찾기가 복잡할수록 정확한 문제진단이 필수다. 샹셀의 『지속 불가능한 불평등』은 현실에서 경제적 불평등과 생태 위기 사이의 얽힘을 냉철하게 이해하고 분석하게 해줄 귀중한 길잡이가 될 것이다.

지은이 **뤼카 샹셀 Lucas Chancel**

파리정치대학 교수이자 불평등과 환경 정책을 전문으로 연구하는 경제학자다. 물리학, 사회학, 경제학, 공공정책학, 에너지과학 등을 공부했으며, 파리사회과학고등연구원에서 경제학 박사학위를 받았다. 현재 토마 피케티와 함께 파리경제대학 세계불평등연구소World Inequality Lab 공동 소장을 맡고 있으며, 세계불평등데이터베이스World Inequality Database 집행위원 및 유럽조세관측소European Tax Observatory 상임고문을 역임하고 있다. 토마 피케티에 이은 세계적인 스타 경제학자로 호명되며, 국내에는 2018년에 출간된 『세계 불평등 보고서 2018』의 공동 저자로 처음 소개되었다.

옮긴이 **이세진**

서강대학교와 같은 학교 대학원에서 철학과 프랑스문학을 공부했다. 전문번역가로 일하면서 『아직 오지 않은 날들을 위하여』 『에코의 위대한 강연』 『브뤼노 라투르의 과학인문학 편지』 『마르타 아르헤리치』 『음악의 기쁨』(전4권) 등 다수의 책을 우리말로 옮겼다.

해제 **김병권**

기후경제와 디지털경제 정책연구자. 2019~2022년까지 정의당 부설 정의정책연구소장을 맡으면서 정의당의 기후정책과 그린경제, 디지털경제 정책 설계를 책임졌다. 학부는 화학을 전공했지만 대학원은 경제학 석사와 사회학 박사를 수료하여 자연과학과 사회과학을 두루 접할 기회를 얻었다. 민간 IT기업에서 10년 남짓 소프트웨어 기획과 개발, 사단법인 새로운사회를여는연구원 부원장으로 8년 동안 사회경제정책 설계, 서울시 혁신센터장과 협치자문관 책임을 맡아 혁신과 협치 현장에 참여하며, 사기업-시민사회-공공영역에서의 경험을 두루 갖췄다. 지은 책으로 『기후를 위한 경제학』 『진보의 상상력』 『기후위기와 불평등에 맞선 그린뉴딜』 『사회적 상속』 『사회혁신』 등 다수가 있다.

지속 불가능한 불평등

사회정의와 환경을 위하여

초판 1쇄 발행 2023년 4월 1일

지은이 뤼카 샹셀
옮긴이 이세진

펴낸이 이혜경
펴낸곳 니케북스
출판등록 2014년 4월 7일 제300-2014-102호
주소 서울시 종로구 새문안로 92 광화문 오피시아 1717호
전화 (02) 735-9515~6
팩스 (02) 6499-9518
전자우편 nikebooks@naver.com
블로그 nikebooks.co.kr
페이스북 www.facebook.com/nikebooks
인스타그램 www.instagram.com/nike_books

한국어판출판권 ⓒ 니케북스, 2023
ISBN 979-11-89722-68-5 (03300)